中华文化人文通识读本·《中国人》书系

黄荣华 主编

陈晓蕾 金薇 编著

神话、传说、侠义的理想人

广西师范大学出版社

·桂林·

图书在版编目(CIP)数据

神话、传说、侠义的理想人／黄荣华主编;陈晓蕾,金薇编著.—桂林:广西师范大学出版社,2021.1
(中华文化人文通识读本.《中国人》书系)
ISBN 978 - 7 - 5598 - 3206 - 1

Ⅰ.①神… Ⅱ.①黄… ②陈… ③金… Ⅲ.①历史人物-生平事迹-中国-青少年读物 Ⅳ.①K820 - 49

中国版本图书馆 CIP 数据核字(2020)第 170187 号

神话、传说、侠义的理想人
SHENHUA CHUANSHUO XIAYI DE LIXIANG REN

出 品 人:刘广汉
责任编辑:刘美文
项目编辑:王 璇
装帧设计:朱鑫意

广西师范大学出版社出版发行

(广西桂林市五里店路 9 号　　　邮政编码:541004)
(网址:http://www.bbtpress.com)

出版人:黄轩庄
全国新华书店经销
销售热线: 021 - 65200318　021 - 31260822 - 898
山东韵杰文化科技有限公司印刷
(山东省淄博市桓台县桓台大道西首　邮政编码:256401)
开本:690mm × 960mm　　1/16
印张:9　　　　字数:116 千字
2021 年 1 月第 1 版　　2021 年 1 月第 1 次印刷
定价:38.00 元

如发现印装质量问题,影响阅读,请与出版社发行部门联系调换。

总序

　　《中国人》书系共十册：《儒家的理想人》《墨家的理想人》《道家的理想人》《法家的理想人》《释家的理想人》《魏晋觉醒的人》《儒道释会通的人》《明代寻求真我的人》《现代走向世界的人》《神话、传说、侠义的理想人》。

　　《中国人》书系的编写，源于我们对当下中学生学习需要与生活需要的理解。

　　在我们的理解中，当下中学生需要对"中国人"有更广泛、更深刻的认识。"广泛"是对不同思想、不同行为的"中国人"而言的，"深刻"是对历史语境中生活的"中国人"而言的。在这样"广泛""深刻"的认识之下，才可能对"中国人"产生较为全面的认知。

　　而对"中国人"较为全面的认知，首先是"识自"的需要。

　　较全面地认识自我，才能比较理性地给自己定位。理性地自我定位，是极其重要的。用古人的话说，就是"知天命"。"知天命"才能真正地"人有为"，否则就会胡作非为。但受各种因素的影响，特别是"西方中心主义"的控制，当下中国整体上缺乏对"中国人"较为全面的认知。也就是说，我们现代中国人对"中国人"缺乏自我认知,其表现有时是自高自大,更多时候是妄自菲薄。这两种表现,在当下中学生身上都有所反映,只是反映的程度与方式有所不同而已。

我们常常听到中学生说这样一句话:"对待古代文化,要取其精华,去其糟粕。"

"取其精华,去其糟粕",作为现代人对待传统文化的大策略与大原则,是极正确,是应当坚持的,但实际上可能是难以操作的。一个中学生如果只会空说这样的大原则,而并不知晓何为"精华",何为"糟粕",又怎么"取"与"去"呢?不知晓何为"精华",何为"糟粕",却硬要"取精华","去糟粕",就只能胡乱动手了。

我要说,这种在不知何为"精华",何为"糟粕"的情况下,却胡乱地"取其精华,去其糟粕"的行为,其实在今天已经是"西方中心主义"控制下的不"识自"的中国人的普遍行为。

这种不"识自"的普遍行为,也可以说是"西方中心主义"控制下逐步形成的"反传统的传统"的表现。仔细想想,这种"反传统的传统"有着怎样的傲慢与偏见,它高高在上地审视着几千年传统文化,用"有罪推定"审判着几千年传统文化。

认识这种"反传统的传统",认识这种"反传统的传统"对我们行为的影响,认识这种影响在我们教育中的体现,认识这种体现对我们的教育所造成的困难,也是我们"识自"的重要内容。

认识自我,才能更好地面对自我。较为全面地认知"中国人",也是我们现代中国人更好地面对几千年传统的必须,是现代中国人更好地面对当下生活的必须。

传统是现代人走向未来的原动力。中华几千年传统,是现代中国人走向未来的原动力。历史早已证明,现代中国人不可能也无法割断自己与几千年文明史的广泛而深刻的内在联系。所以习近平总书记在党的十九大报告中指出:"中国特色社会主义文化，源自于中华民族五千多年文明历史所孕育的中华优秀传统文化。"习近平总书记也说："中国人民的特质、禀赋不仅铸就了绵延几千年发展至今的中华文明，而且深刻影响着当代中国发展进步，深刻影响着当代中国人的精神世界。"(《在第十三届全国人民代表大会第一次会议上的讲话》，2018年3月20日）

较为全面地认知"中国人"，就能较为全面地认识"中国人民的特质、禀赋"，就能较全面地认识这些"特质、禀赋"对现代中国人走向未来具有怎样的活性力量；就能较全面地认识传统中国人为什么是"这样"生活而不是"那样"生活；就能较全面地认识现代中国人的生活逻辑与传统中国人的生活逻辑有怎样的内在关联；就能较深刻地理解古代诗文为什么是"这种"表达方式而不是"那种"表达方式；就能较深刻地理解汉字、汉语为什么能几千年不中断其历史，在现代中国依然具有强大的生命力，鲜活如初……

作为语文教师，我还要说，较为全面地认知"中国人"，还是学好古诗文的必须。常常听一些同学感叹，古诗文太难读了。是的，当我们对古代一点也不了解的时候，当我们对古人的生活一点也不熟悉的时候，当我们对古诗文生成的文化逻辑一点也不明白的时候，当我们对古诗文生成的文化逻辑其背后所隐藏的古人的生活情趣一点也感知不到的时候，阅读古诗文是会有很大障碍的。但倘若与之相反，我们阅读古诗文就不仅轻松如履平地，沉醉如沐春风，满足如享秋果，而且即使需要翻越障碍、穿越荆棘，也会勇于翻越、乐于穿越，进而体验翻越的愉悦，收获穿越的趣味。

一言以蔽之，期待《中国人》书系能帮助大家更好地认识自我，从而更好地有作为，从而更好地创造自己的幸福生活，从而更好地建设美丽新世界。

黄荣华

2020年8月6日

前言

　　中国古代神话、传说很悠久，也很丰富，它涉及的领域涵盖了天文、地理、哲学、宗教、文学、艺术、医学、动物、植物、风俗。古代神话的影响也很深远，几乎整个文化领域都有关于神话的记录，《左传》《国语》《庄子》《山海经》《楚辞》《吕氏春秋》《淮南子》《搜神记》等古代典籍中均有记载。中国古代的神话、传说大多植根于深厚的现实生活的土壤，与古代先民的生活劳作息息相关：勤劳朴素的先民，恶劣多变的生存环境，不畏强暴敢于抗命的传奇英雄。然而，古代的神话、传说中的主角们又超越了现实生活，往往表现出心系天下苍生，牺牲自我成全天下，亦如一首生命的颂歌，在质朴的叙事中表达着生命的热情和生命的庄严。

　　古代的神话、传说恰似一座沟通远古与当下的桥梁，神话人物身上凝聚着人类的理想追求和情感愿望，这些人物身上所寄寓的情感和认知，可以突破时间、空间的局限，不知不觉渗透在后人的血液中。从这个意义上说，中华神话、传说既是我们先祖智慧的渊薮，同时也是现代人类灵魂的归宿。

　　本书尝试从上古神话、宗教神话、历史文化传说中寻找出曾经出现过的

"理想人"，探秘他们身上隐藏着的"原始动力"。这些原始动力曾经激发人前进的脚步，赋予人坚强的意志、伟大的抱负和自我牺牲精神，也书写和改变着我们民族的历史进程。

起步于上古神话、传说，我们从"万物有灵与图腾崇拜"的时期，看到了创世与开辟，见识了远古圣王与华夏初祖，也惊叹于强力救世与反抗神意。而当视线随着历史发展来到了王朝之时，无论是"天人感应与谶纬之说"，还是三清世界的建立，我们在宗教神话中感受到历史政权与神话的若即若离的结合。环顾历史文化传说，梦幻如瑶姬，愤怒如伍子胥，崇高复仇的眉间尺，坚贞到感天动地的孟姜女。神话、传说中的理想人用各自精彩的方式存在于民间，用传奇的人生和故事影响着一代又一代的人，也在不知不觉中积淀成民族精神的一部分。

较之于神话、传说中的那些传奇人物，口口相传的侠义英雄们则显得更加真实，更加亲切，是活在现实中的"理想人"。侠者可能是历史中以命殉义的志士，是替天行道的行者，在小说中也许是身怀绝技的江湖儿女。有人的地方就有江湖，有江湖的地方就有侠客，有侠客的地方就有侠义。这种侠义精神从来不曾中断，以各种方式在中国人的血脉中传承、积淀、呈现。行侠义不一定只是侠者的救人与杀人，行侠义可能是守信知恩，耿直为人，正义处世，其实侠义精神在平常人的性格中都会留下一些痕迹。因此，探寻侠义理想人既是对历史的回望，也是对自我的审视。

侠义虽不知源于何时，但是，它早已成为我们认可的独立人格，侠义英雄也是历史选择下的"理想人"。侠没有系统的理论思想，但它在道德实践、社会影响等层面的作用并不在"儒道释"三家之下，在某个历史阶段甚至超越三家的影响。在历史长河中，特立独行的侠客英雄借着蓬勃的生命、耿直的性格、特异的武功行走江湖。他们那种执着信念，义争强权，知恩图报，义之所至虽万死而不辞的精神，以及萧然物外的身影，都潜移默化地影响着我们。

这些传奇的侠客是如何生存在历史中的？在撰写侠义人物的过程中，写作者的视线并不是仅仅停留在某几位具体的侠客身上，而是放在侠客精神发展的历史坐标中去看，以开放的态度探究侠客的神秘起源，直抵侠客精神的基因，领略侠义的千古风范。在对侠客群体人格提炼的基础上，再细落于不同时代，看到永恒的侠义精神背后各异的侠义英雄，追寻先秦古侠、汉魏豪侠、盛唐文侠，寻路侠义英雄的跌宕历史，找寻千古侠客成一梦的原因——捧杀与棒杀，发现侠客从正史走向文学的过程，也正是侠客英雄隐没的过程，隐没成就了侠客英雄的传奇，也成就了侠义理想人。

因此，在写侠义理想人时，打破了聚焦某几位的写法，尝试以寻根探源的方式全面了解中国人的侠客梦及理想侠客形象。侠义理想人是这样的：守信重义，重义轻利，慷慨忠勇，视死如归。为信诺，可以赴汤蹈火；为大义，可以杀身成仁；遇不平，可以拔刀相助。中国民间社会深受影响，不知不觉形成了民众性格中的血性和温情。

聚焦理想人，探寻或存于神话、传说中的人物，或存于历史及文学作品里的侠义人物，我们希望用回望的方式找寻民族性格中不屈精神与侠义精神的基因，带领青少年在具体可感的人物及故事中去认识那些"理想人"，加强他们对本民族文化的了解，增强青少年的民族自信心。想到这里，不免生出"战战兢兢"之感，希望不因己之过失而误人子弟。

目录

001   一   上古神话的创世和救世

001   万物有灵与图腾崇拜

006   创世与开辟

012   远古圣王与华夏初祖

020   强力救世与反抗神意

026   二   宗教神话中的人与神

026   天人感应与谶纬之说

031   三清世界与得道升仙

038   从豹尾虎齿到雍容人王：西王母及昆仑山

043   八仙过海，各显神通

048   三   历史文化传说与原始动力

048   《山海经》：异形与异禀

053   瑶姬：暮暮朝朝的梦幻

057   伍子胥：滔滔不绝的愤怒

063   眉间尺：崇高的复仇

068   孟姜女：感天动地的坚贞

073   四   侠义英雄的诞生

073   先秦诸子与侠客：神秘起源，众说纷纭

082   侠客的矛盾基因：抵牾深处，情理至极

088   赴公义与报私恩

094   侠义的千古风范：守信重义，慷慨忠勇

104   五   永恒的侠义、各异的英雄

104   先秦古侠：众侠并起，游侠盛行

107   汉魏豪侠：尚武崇侠，豪侠崛起

111   盛唐文侠：武侠式微，文侠出现

116   六   寻路的侠义英雄

116   千古侠客成一梦：捧杀与棒杀

124   隐没成就的璀璨：隐没与传奇

一 上古神话的创世和救世

万物有灵与图腾崇拜

神话的起源，学界主流观点认为是万物有灵的原始思维。"万物有灵"的"灵"，并非指灵魂，而是指原始人认为大自然的一切，包括自然现象、生物和无生物，都是有生命、有意志的活物。《列子·黄帝》也曾记载："太古神圣之人，备知万物情态，悉解异类音声。会而聚之，训而受之，同于人民。"这"太古神圣之人"，即原始社会的人类群体，人和兽语言相通，即物我同一，如《庄子·齐物论》所说："天地与我并生，万物与我为一。"

上古神话与万物有灵

万物有灵反映在上古神话系统中，物怪之多远胜于人妖，充斥着大量的奇珍异兽、半人半兽和多种动物混合的形象。如《山海经》中记载的精灵物怪：尧的长子丹朱所变，长着人手、猫头鹰身体的，象征不祥的鵸鸟；人面蛇身，口中衔烛，昼、夜、冬、夏只在其睁眼、闭眼、吹气、呼气之间的烛龙；游于东海，溺而不返，用有限的生命反抗命运的"誓鸟"——精卫……可以说，上古神话中到处存在着生命和力量的本源。其中的原因是易于理解的：孩童会将无生命的客体作为感情的投射物，会将自身的欣悦、恐惧、焦虑、厌弃投射在周遭的自然之物上，与之沟通交谈，物我混同使周遭的事物拟人化。同样的，在我们民族的童年，人们将自我作为衡量一切的标准与尺度，必然也将人类的形象、情欲、观念、本质赋予万物，使得一切自然的现象都被赋予生命或是由神掌管着，使其与人同感同欲。比如《楚辞·招魂》中屈原所描绘的盘踞交错的蝮蛇，遍布千里的封狐，食人的九头怪蛇，大如巨象的红蚂蚁，搜魂摄魄、身高千丈的东方长人……上至九重天，下至幽冥王国，都由象征荒蛮之力的怪物镇守着，屈原通过对这些怪物的想象与描绘营构出天地四方之可怕，与楚怀王故居之可乐形成鲜明的对照，呈现出外多兽怪与内有荒淫相对应的寓言风貌，显然是作者本人观念与欲念的外化，这种文人写作亦是建立在远古先民对荒蛮、原始的自然风物的直观认知之上的。

对大自然原始自发力的崇拜，在中国神话中，表现在一切自然现象都是有生命的或是被神灵掌管着的，都可以成为崇拜的对象。比如火神祝融、水神河伯、海神禺虢，再如《山海经》中的雷神，"龙身而人头""状如牛，苍身而无角，一足，出入水则必风雨，其光如日月，其声如雷"。《史记·殷本纪》中商帝武乙无道，常羞辱天神，结果被暴雷劈死。可见先民将风雨雷电作为神秘现象，并赋予这一自然现象以神异，并将其作为上天对不敬与僭越的惩罚。再比如《山海经·中山经》中对苦山山神的描绘，称其长着三张面孔，双手平举，与其他山神猪身人面的形态截然不同。因苦山属于山冢，冢即坟墓，兼具祖先家园和魂魄归来的双重作用，因而对此处山神的膜拜，显现出格外的敬畏与庄重。这是原始社会自然崇拜在上古神话中留下的痕迹，体现的是朦胧的宗教观念的萌发。

图腾崇拜与蛙鸟符号

在原始人的信仰中，认为自己的祖先来源于某种动物或植物，可见，图腾崇拜和祖先崇拜、生殖崇拜是休戚相关的，它解释了祖先是从哪里来的。如《诗经》说"天命玄鸟，降而生商"，这里涉及一个古老的传说：有娀氏的女儿、帝喾的次妃简狄，外出洗澡时吞食了一颗玄鸟蛋，生下了契，契就是商人的祖先。除此以外，图腾是最早的社会组织标志和象征。它具有团结群体、密切血缘关系、维系社会组织和互相区别的功能。如新石器时代的彩陶（如仰韶文化的半坡、临潼姜寨等遗址出土的彩陶）上，有写意动物纹样，代表氏族或家族，用以区分。

据学者对出土的新石器时代彩陶标本的研究，蛙纹与鸟纹是其中极具代表性的两种纹样。在动物世界中，蛙富有生殖力，也便成为女神的象征，演化为状如"W"形的抽象符号。中华民族神话中的大母神女娲，即由蛙转化而来。至今，陕西骊山一带还保留着有关女娲的民俗和蛙图腾崇拜的习俗。有学者认为："女娲实为古中原一部落的首领，后被神化为创世神，她的部落以蛙为图腾，故号为女娲。"相较蛙纹所对应的女性崇拜，鸟纹则对应后起的男性崇拜，二者都是生殖崇拜与图腾崇拜相互作用的产物。《淮南子·天文训》："东方木也，其帝太皞，其佐句芒，执规而治春。"执规者即东方天帝太皞，号伏羲氏。伏羲是风姓，"风"即"凤"，据《山海经》和《太平御览》记：华胥氏在雷泽履巨人足印而生伏羲，雷泽是雷神栖息的场所，所以伏羲是"龙身、人头、鼓腹"的雷神之子，（一说是）"蛇身人首，有圣德"，而句芒则是"鸟身人面"，祝融为鸾鸟，帝俊为鸟，殷和秦的始祖均为玄鸟（燕子）。现今出土的仰韶文化庙底沟三足鸟纹也是这种男性生殖崇拜的明证。

龙图腾与九头兽

在河南、陕西一带的仰韶文化中，有蛙鸟联盟和鸟鱼联盟两大部落群体。在陕西宝鸡出土的鱼鸟相衔图纹即为鱼鸟联盟的实证。后世多有鱼龙互化的传说，如鲧为鱼，而生禹，禹为龙。当代研究者田兆元教授认为龙图腾是古代部族鱼图腾的衍生与发展。龙凤在中国文化中被赋予了至高无上的地位，事实上记载的是商（鸟图腾后裔）周（龙图腾后裔）联姻。故而在商周以后，龙凤作为一种婚姻的吉祥物日趋普遍。（闻一多先生在《伏羲考》一文中则认为伏羲人首蛇身，而古代龙蛇不分，故而画卦结绳的伏羲就是龙图腾的来源。）龙在此后逐渐演变为中华民族的共同图腾："古代越人将龙的图案纹在身上，似在试图证明自己是龙的孩子，会受到龙的保护。陕西省出土的有 7000 多年历史的彩陶细颈瓶上，也依稀可见龙形花纹。内蒙古的红山文化遗址中，也有一条墨绿色的盘旋玉龙……"《易经》中《乾卦》的龙的形象，与令人追慕的君子形象合而为一。"九五，飞龙在天，利见大人"，是指阳气发展至最为美盛的阶段，犹如巨龙高飞，大人物兴起而有所作为，即事业欣欣向荣。"九五"是卦象的爻位（组成卦象的符号）名，故而后来约定俗成称天子为"九五之尊"。"终日乾乾，反复道也。"这里的"乾乾"是指君子立身行事始终奋发不止，反复地践行合理的行为。"龙"逐渐成为奋发有为、吉祥尊贵的象征，其中还包含着自然崇拜，因为先民认为龙是主宰雨水的神祇，龙崇拜是根植在中国几千年的农业文明深处的信仰。中华儿女是"龙的传人"，理应践行乾乾不息、奋发有为的民族精神。龙本身就是多种动物的组合：角似鹿、头似驼、眼似兔、项似蛇、腹似蜃、鳞似鱼、爪似鹰、掌似虎、耳似牛，如果将每种动物特征视作某一部族的图腾，我们便可以将龙的形象作为"协和万邦""和合统一"的象征。

古籍中对图腾崇拜的记载，其一是对女子感某物而生、履某迹而孕的传说的书写，如伏羲、炎帝、黄帝、少皞、颛顼、尧、禹、皋陶等；其二即将始祖的形象描绘成半人半兽或半人半禽的形象，如神农、伏羲、句芒、祝融，这与古希腊和古埃及的神祇十分相像，比如猫首人身的巴斯特女神、狼头人身的阿努比斯等。阿努比斯作为冥界之王和亡灵的守护者，其原型应为食腐的胡狼，古埃及人观察这种动物习性，并将之与死亡和超度联系在一起。而无独有偶，中国古代的镇墓兽也多为半人半兽。比如 1990 年在河北南和县贾宋村一座唐墓中出土了一件陶制人面狮身镇墓兽：双目突出、毛发竖立、凌厉威猛，有强烈的力量感，呈现出咄咄逼人、凛然不可侵犯的样子。山东嘉祥出土的汉画像，其中描绘的兽，兽身上长着九个人头。这就是《山海经》中记载的镇守西王母圣境——昆仑墟的虎身九首的开明兽。这九首，显然是智慧、力量、神异的象征。"九"在中国文化中是极数，象征着天界的形制和宇宙的终极尺规。因而九首在这里，也是长生不死的象征（禹的妻子涂山氏女娇便是九尾狐族）。

"万物有灵"的观念作为一种语境，对后世文学与文化的发展影响极其深远。其一是对小说创作的影响。中国神话是传奇、小说的土壤，《西游记》中的妖魔鬼怪、《聊斋志异》中的花妖狐魅，满是上古神话的照影；其二是对诗文创作的影响。"披萝带荔，三闾氏感而为骚；牛鬼蛇神，长爪郎吟而成癖。"由屈原所开启的文人创作，从庄子笔下"抟扶摇而上者九万里"的大鹏到使白居易泣下沾襟的"杜鹃啼血猿哀鸣"，从杜甫的"穿花蛱蝶深深见，点水蜻蜓款款飞"到欧阳修的"泪眼问花花不语，乱红飞过秋千去"……这些物象无一不浸染了诗人的情思与智慧，幻化成王国维所言"有我之境"，其中蕴含了诗人弥纶天地、卓绝千古的诗心。神话动物半人半兽的形象则是早期图腾崇拜的产物和其在神话传说中的演化，同样也说明了远古先民"与鸟兽鱼鳖杂处，不知为舟车器械之用"的自然境界，以及人与自然密不可分的关系。

创世与开辟

　　屈原在"劳苦倦极""疾痛惨怛"之时，发出穷极终始的诘问："远古之时，天地尚未成形之前，明暗不分混沌一片，谁能够探究其中原因？大气一团迷蒙无物，凭什么将它识别认清？白天光明夜晚黑暗，究竟它是为何而然？阴阳参合而生万物，何为本源何为演变？"中国古代思想史中不乏针对这一问题的探索与解答：殷末周初的"五行说"，认为水、火、木、金、土是构成宇宙、世界物种的基本元素；道家所提出的"阴阳说"，认为万物由宇宙初始的两股阴阳之气碰撞而成，"天地之大德曰生""天地絪缊，万物化醇；男女构精，万物化生"。在《周易》的叙述中，宇宙万物处于一个生生不息、周流不滞的系统中。而万物生成离不开抽象的物质概念"元气"，也就是庄子所谓"杂乎芒芴之间，变而有气，气变而有形，形变而有生"的"芒芴"，即形容不可辨认、不可捉摸的状态，万物以蒙昧状态变化发展，是"元气"自然而然地在其中起作用。相对于这种朦胧与神秘，神话语境中"开天辟地"的形象就愈发具体可感。

浑沌与巨灵

《庄子》中有个关于创世的寓言：南海的天帝叫儵，北海的天帝叫忽，中央的天帝叫浑沌。儵和忽经常去浑沌的疆域做客，浑沌待他们很好。于是，儵和忽就商量着怎么报答浑沌，他们思忖着："人都有眼、耳、口、鼻七窍，用来看、听、食、息，唯独浑沌没有。"于是儵和忽就带了斧头、凿子之类的工具，每天给浑沌凿一窍。七天之后，浑沌就死了。显然，这个著名的寓言故事颇有其深意，浑沌象征着世界最初的素朴的状态，"无七窍"，也就是没有知识，没有价值判断，物我混同，无所谓善，也无所谓恶，无所谓此，也无所谓彼。这是天地大化的宇宙视野。"天地不仁，以万物为刍狗。"世间的一切都笼罩在原初的一片黑暗与苍茫之中。因而，这里的"凿"就愈发触目惊心。儵和忽的名字合在一起，象征迅疾的时间。这种迅疾的、打着"善"的旗号的"有为"，是以己度人，以自己的标准来塑造、改造他者。《山海经·西山经》中也有关于"浑沌"的记载：浑沌是天山上的神，形状像个黄色的口袋，红得像火，六足四翼，无面目，但却懂得歌舞，名字叫作"帝江"，是中央天帝。中国神话学集大成者袁珂先生认为，浑沌死后，整个宇宙、世界却随之诞生了。可见，上古神话中创世与开辟是伴随着一种大刀阔斧、积极有为的炽烈之情的，哪怕是一种粗暴的善意。

道教神话中有位天神，叫作"巨灵"，他和"元气"一起降生，并称"九元真母"，能"造山川，出江河"。据说这位"巨灵"用手掰，用脚踏，活生生地将本来连在一起挡住河流的华山分开为二，便于河水流过，不用绕道前行。《搜神记》里说，今天看华山上还有他的掌形，首阳山下还有他的脚印。这位有开山引河之威势的巨灵，亦可以看作是水势汹涌的一种神化，抑或寄托了先民对神灵疏浚洪水、以利苍生的一种愿望。

伏羲与女娲

在中国神话的创世神中，最广为人知的非女娲、伏羲、盘古莫属了。伏羲即太皞，又作太昊，五帝中管理春天的东方天帝，是雷神和人间极乐国土华胥国的女儿所生之子。春雷滚滚，雷是激发生命萌动的力量，古人认为阴阳相驱产生了雷，故而雷有化生的作用，所以伏羲也被赋予了和雷神同样的属性，成为宇宙的创造神，人类的始祖，可以时常通过连接天地的大树——生长在都广之野的建木上下往返于天庭与人间。伏羲观自然之象，创造了八卦，又"师蜘蛛而结网"，教人民打渔。伏羲传说发祥于黄淮地区，先秦文献中有记载："陈，太皞之虚也。"另外，山东境内也有伏羲的后裔居住，东夷文化奉伏羲为始祖神。《庄子》一书多次提到伏羲，事实上是庄子就地取材的产物，因庄子为宋国蒙人，蒙地在今天的河南商丘北境，鲁豫交界处。

女娲是中华民族神话中的大母神，《说文解字》说女娲是"古之神圣女，化万物者也。"她也是一位化生神，人面蛇身，一天里有七十次的变化，《山海经》中说不周山的十位神人都是由女娲的肠所化。我们更为熟悉的是女娲造人的壮举。天地开辟之时，未有人民，女娲把黄土捏成团，照着自己的形象造出了人。造人的工作太辛苦了，靠女娲一人抟土的方法不足以让这广袤的土地上遍布人的形象与踪迹，于是女娲用绳子沾满了泥浆，甩出的泥点一落地也就变作了人。在后世的阐释中，这两种造人方法也就区隔了富贵与贫贱，或是健全与残疾。为了一劳永逸地解决人类繁衍的问题，女娲将其分为男女两种性别，使其约为婚姻，故而女娲又被尊为主婚姻的高禖神。仲春是祭祀高禖神的时节，青年男女们踏歌跳舞，情投意合，则结为有情人。有学者认为，女娲神话传说是母系社会的表征。

伏羲和女娲的形象在汉墓的壁画中以人首蛇身，阴阳交尾的形象呈现，伏羲执矩，女娲执规（还有一图样为伏羲手捧太阳，太阳里有一只金乌，而女娲手捧月亮，月亮里有一只蟾蜍，周围是星宿），规矩对应方圆，有研究者认为象征始祖神对天地秩序的探求与守护，符合汉代对礼的推崇，而交尾显然是婚姻和繁衍后代的象征，这是伏羲女娲夫妻神话的表征。在汉墓中出现这样的壁刻，是墓主希望生命得以延续和再生的希望。在苗族传说中，二人是一对兄妹，他们的爹爹挑战并囚禁雷公，因为妹妹的善良误将雷公放出，所以天降洪水，两兄妹爬入雷公的牙齿所变的大葫芦里，躲过了劫难，成了人类的幸存者。在昆仑山下，两人商量结为夫妻，却又觉得羞耻，于是伏羲向上天颂祝："上天如果同意我二人结为婚姻，烟就合拢在一起，否则，烟就散开。"颂祝声刚落，两股青烟就慢慢聚拢来，于是兄妹成婚，开始繁衍人类。《山海经》中的伏羲、女娲都活动在昆仑神境，但还未成为夫妻神，有学者认为，后期伏羲女娲夫妻神话是黄淮文化与东部高原文化交融汇合的结果。

盘古开天辟地

中国古代盘古创世的神话传说，大约源于汉代，在魏晋南北朝时期广为流传。当天地还没有分开，黑暗混沌一团，像个大鸡蛋，盘古就在其中孕育、成长着，这样经过了一万八千年。有一天，盘古忽然醒了，他拿着一把大板斧，对着面前的黑暗混沌，使劲一挥，鸡蛋破裂开来，轻而清的东西上升，重而浊的东西下降，天地开辟。盘古怕它们还要合拢，于是头顶天，脚踏地，随着它们的变化而变化。天每天升高一丈，地每天加厚一丈，盘古的身子也随之增长，这样又过了一万八千年。天升得极高了，地也变得极厚了，盘古的身子也变得极长极长了。盘古孤独地站在天和地之间，不让它们有重归于混沌的机会。终于，天和地的构造已经非常稳定，盘古不再担心它们会合在一起，而长久的劳累终于使他倒下了。垂死的盘古周身起了变化：他的头和身躯化作大地的四极和五方的名山，眼睛化作了日月，血液和脂膏化作了江海，毛发化作了草木，气息化作了风，声音化作了雷，眼睛的闪光化作了闪电……人们追慕这用自己的身躯创造新世界的巨神，传说南海有盘古墓，纵横绵延三百里，是后人追葬他魂魄的地方。在后来关于盘古的神话记述中，又提到了人的诞生："（盘古）身之诸虫，因风所感，化为黎甿。"也就是说，人类是盘古周身寄生虫所化。这种说法无疑是对人的情感的一种极大的挫伤，因而并没有像其他创世神话那样的影响力。闻一多先生认为："盘古"是"伏羲"（又名"庖羲"）的音转，有的学者则认为盘古也可能是"伏"（庖）与"娲"二字的音转，即伏羲、女娲阴阳二神的统一体。

相传还有一位没有姓名的造物主（一说是女娲），在正月一日造了鸡、二日造了狗、三日造了羊、四日造了猪、五日造了牛、六日造了马、七日造了人——这也就是正月初七被称为"人日"的原因，这六种与人类生活关联密切的动物也就被称为"六畜"。在"人日"这天，传统习俗要头戴金箔、彩纸做的人形饰物，称为"人胜"。正月初七这天，要出游登高，此外，如果人日天气晴朗，则主一年家丁兴旺，出入平安。故而高适有诗云："人日题诗寄草堂，遥怜故人思故乡。"这与《圣经》中所描述的耶和华创世是非常相像的："太初，上帝创造天地。地上全是水，无边无际，水面上空虚混沌，暗淡无光，上帝的灵运行在水面上。"接着，上帝一点点完成他的"创世"工作："第一天，上帝说'要有光'"，他把光明和黑暗分开，创造了白天和黑夜；第二天，他"造苍穹与水分开"；此后，又创造了大地、海洋、日、月、星辰和各种各样的雀鸟、野兽、牲畜和爬虫；第六天，"上帝用地上的尘土造了一个人的身体，把生气吹进他的鼻孔，有了灵，他就活了。"两者的区别是，在《圣经》的叙述中，全知全能的上帝以"灵"的形象存在，愈发深远神秘，而中国神话的造物主则缺乏具象或抽象描述；上帝创世的工作严谨而有规则，而中国神话造物主则聚焦在极个别的物种创造上；上帝以言语创世，而中国神话的造物主只言不发。可以说，《圣经》字里行间满是对至高无上的神权的跪拜，而中国的创世传说满含"六畜兴旺""人丁昌盛"的人间愿景，可见对中国神话"重实际而黜玄想"的判断所言非虚。

挺立于天地之间的伟岸的盘古，慈爱而又谦逊的大地之母女娲，担当重任、厚爱百姓的东方天帝太皞伏羲氏……这些瑰丽而又宏阔的创世神话，给人带来持久的震撼，比之希伯来神话中上帝创世叙述的审慎与节制，愈发显现出诗性与浪漫。那些关于伏羲、女娲人首蛇身，兄妹成婚，盘古"垂死化身"的记述，也满含原始社会母系向父系演变与图腾文化的影子。

远古圣王与华夏初祖

在开辟与创世之后，神系逐渐被建构与丰满。青帝太皞伏羲氏是东方天帝，管理春天，辅佐他的是手执圆规的木神句芒；太阳神（赤帝）炎帝治理着南方一万二千里的地方，是南方天帝，管理夏天，辅佐他的是手执秤杆的火神祝融；白帝少昊在东方海外建立鸟的王国，之后不知过了多少年，回到了西方故乡，是西方天帝，管理秋天，辅佐他的是手执曲尺的金神蓐收；黄帝的曾孙——黑帝颛顼，先做过北方天帝，管理冬天，辅佐他的是手执秤锤的水神玄冥，后来又曾经一度做了中央天帝；中央天帝本来是黄帝轩辕氏，他也是神国的最高统治者，辅佐他的是大地之母后土，后土手里拿着一根绳子，四面八方都管。但黄帝后来因为和蚩尤的一场大战，厌倦了这一职务，将其传让给颛顼，叫他代行神权。

炎帝：仁爱慈祥的农业神

太阳神炎帝，号神农氏，他的母亲任姒是有蟜氏的女儿，名为任姒。

一天，任姒在华阳游玩，突然在天空中见一赤髯神龙，神龙的双目发出两道耀眼的神光，任姒只觉心中似有所感。后任姒便因感龙首而怀孕，在姜水边生下了炎帝神农氏，因而姓姜。炎帝人身牛首，有的典籍却又说他长着龙的容颜和厚实的嘴唇，属火德，因而称其为炎帝。事实上，龙是融合多种动物特征的神异形象，龙角，多取材于牛头。而有蟜氏的"蟜"字，其实就是"虫"，而在古汉语中也叫蛇为"大虫"，"龙"的形象即脱胎于蛇，可见炎帝"龙子""龙种"形象的有迹可循。据说他刚刚诞生时，周围的九眼井不需要任何人力，便自动连通，周流无碍，汲取其中一眼井的水，其他的井水就会波动起来。

　　炎帝是一个仁爱慈祥的大神，他教人们播种耕作，让太阳发出足够的光和热，又拜见龙王，要求龙王施雨均匀。在教人民播种耕作时，天上竟然下起了谷种，神农于是立即耕作开垦，把这些谷种播种进土里，于是天下五谷丰登，百果藏实。《拾遗记》中还记录了一则关于炎帝的美丽神话：有一只周身赤色的神鸟，衔着长着九根穗的禾苗飞过，九穗禾正好落在炎帝的脚边，他赶紧捡了起来，将它种植进土里，这九穗禾长出的粮食谷物，吃过的人都可以长生不老。人类在炎帝的带领与庇护下，勤恳劳作，衣食无忧，故而感念他的仁德，称其为"神农氏"。炎帝作为龙子，先天就具有兴云布雨、司水理水的神异能力，所以他作为农业神是十分合适且称职的。除此以外，他还是医药神，他曾经用一个赤色的神鞭，鞭打百草来知晓其毒性多寡、寒温，这样还不够，他以身试毒，尝遍百草的滋味，曾在一天之内就遇到了七十种毒物，最后因为误食断肠草而死。明人周游的《开辟演义》中还记载了这样光怪陆离的民间传说：神农氏的身体是玲珑剔透的，能清清楚楚地观见其肺肝五脏，所以尝百草中毒后可以随时解毒，但是有一次神农氏服下了百足虫，这百足虫一进入神农体内，一条腿就幻化作一只虫，百虫之毒，无药可解，因而致死。

炎帝子孙繁多，其中著名的就有火神祝融、水神共工、土神后土和时间之神噎鸣，他还有四个女儿，以巫山云雨之神瑶姬和衔微木以填海的精卫的形象最为动人，也最为人所熟知，可见炎帝是一位身份地位何等隆贵与煊赫的大神。《礼记·祭法》中说："炎帝号曰大庭氏，传八世，合五百二十岁。"由此可知，炎帝首先是一个氏族的名称，其次是首领世系的因袭名号，其传说是对八世炎帝部族首领牺牲自己、造福众生、播撒福泽的理想形象的融合，无论是人格的炎帝，还是神格的炎帝，其目标都是实现天下人民的共同富裕，不以自己的智慧韬略凌驾于人民之上，而是处处从福民、惠民的角度来行动，天下人都十分尊重他。

黄帝：三界的最高统治者

战国以降，"世之所高，莫若黄帝"。黄帝，也写作"皇帝"，即"皇天上帝"，"皇"是"帝"的形容词，是光辉伟大的意思。作为中央天帝——神国的最高统治者，黄帝在神界和人界都享有至高无上的地位。据《帝系谱》记载，他和炎帝都是伏羲之子——有熊国的国君少典的嫡子。他的母亲也是有蟜氏的女儿，名为附宝，附宝有次在野外行进，遇到骇人刺目的大闪电围绕着北斗七星剧烈旋转，突然，北斗七星之首——天枢星的光芒凝聚成一道光柱，照彻郊野。附宝在天枢星的光芒照射下，心中一动，不久便有孕，怀孕二十四个月后才诞下轩辕氏，是为天枢星降临。因为他生在姬水边，所以姓姬，又因为曾居于轩辕之丘，所以又称为轩辕氏。他成为中央天帝后，居住在昆仑山上由五座城、十二座楼所组成的美丽神异的帝宫之中。这帝宫里遍地都是香花宝树、珍禽异兽，凤凰和鸾鸟在天空中飞翔，清冽甘甜的泉水在地上流淌。在这恢宏壮阔的宫殿中，端坐着"龙颜日角"——高鼻梁、高额头的黄帝。

传说中黄帝从小聪颖过人，生下来才几十天就能开口说话，少年时才思敏捷、敦厚知礼，成年后便无所不知且无所不能。先秦典籍《尸子》中还说黄帝长着四张脸，孔子对此作了解释，说他是一个成功治理四方的贤君，这无疑是从人间视角来观照其形象，其实四张面孔也很符合神话中黄帝中央天帝的身份，四方宇宙尽在他的掌握，什么事情都瞒不过他公正而又严厉的眼睛。据说，钟山山神烛龙的儿子——人面龙身的"鼓"，和另一个叫"钦䲹"的神一起在昆仑山谋杀了天神"葆江"。黄帝洞悉这一切后，非常生气，在钟山东面的瑶崖杀死了二神为"葆江"复仇，"鼓"和"钦䲹"这两个凶徒怨气不散，前者化为形似猫头鹰的"鵕鸟"，后者化作形似大雕的"大鹗"，它们飞临哪片土地，哪片土地就要发生旱灾。

黄帝不仅统治神国，还是鬼国的主宰，他的属神后土是鬼国——幽都的主宰。黄帝还派了神荼和郁垒两兄弟去镇守冥界，他们住在海中之山——度朔山的一棵大桃树上，这棵桃树的枝干绵延三千里，其东北树枝下有一鬼门，神荼和郁垒这两位天神就日日在此镇守，仔细地盘查和观视着进出鬼门的形形色色的鬼魂，如果碰见穷凶极恶的厉鬼，他们就拿芦苇绳将其绑了，送去喂虎。他们威风凛凛，同时又尽忠职守，黄帝对他们敬之以礼，岁时祀奉，神荼和郁垒因而名震神人二界，老百姓为了辟邪就做了他俩的桃木像放在门边，其实他俩就是今天老百姓贴的门神。

传说黄帝还曾经在西泰山下检阅天下的鬼神，他端坐在毕方鸟所驾的宝车中，六条蛟龙跟在他身后，蚩尤带领着虎狼在前面开路，雨师"屏翳"和风伯"飞廉"不断施法清除道路上的尘土，一时间凤凰飞舞，腾蛇（一种有翅膀的蛇）窜伏，众鬼神都跟在黄帝的身后，其队伍之盛大壮阔，君临天下之威武雄壮，令人神皆叹为观止。黄帝一时兴起，便作了一支能够"动天地，泣鬼神"的天乐——《清角》，中央天帝的庄严肃穆，可见一斑。黄帝也有许多子孙，其中既有神，也有人，如海神禺猇是他的儿子，禹的父亲鲧是他的嫡孙，大神颛顼是他的曾孙，而犬戎、北狄、苗民、毛民这些偏远的民族都是他的后代，可以说，黄帝是人和神共同的祖先。事实上，"黄帝"和"炎帝"一样，也是古代氏族的名称和其首领因袭的名号，据《史记》和《国语》记载，黄帝有二十五个儿子，沿袭其姓者有十四人，这忠实地记录了黄帝氏族发展和分裂的情形。

部族冲突与战争史诗

《史记·五帝本纪》中记载了炎黄时期部族之间的两次大冲突：炎帝部族的后世子孙衰弱，中原各地区的部落首领互相争斗，而炎帝无法制服他们。于是黄帝部族便发动战争，用武力来征服这些不驯服的首领，他们都归顺了黄帝。黄帝以仁德教化、以武备训练人民，研究四时节气的变化，带领人民种植五谷，大大地增加了部族的实力，做好了充分的战斗准备。

待到时机成熟，黄帝便带领各路神兵天将，加之以熊、罴、貔、貅、貙、虎为图腾的六支骁勇善战的民族，在阪泉的旷野中和炎帝部族大战。炎帝是太阳神，他手下又有火神祝融，所以他理所当然是用火攻；黄帝生于雷电交加的神异景象之中，有掌控雷雨的能力，一时间烈焰冲天，雷电轰鸣，惊雷声、杀伐声、兵刃声，响彻旷野。黄帝部族很快便占了上风，向炎帝部族发动了几次猛烈的攻击，炎帝招架不住，只得败下阵来。

此后许多年，炎帝都偏居一隅，安安心心地做一方天帝。但他的孙辈中有一族叫蚩尤，十分替炎帝不值，很想替祖父一雪阪泉之战的耻辱，见炎帝年老仁弱，便决心依靠自己的能力来复仇。要说这蚩尤一族，确实也异常彪悍凶猛，他们是人身牛蹄、四目六首的巨人族，个个铜头铁臂，头上还长有锐利的角。他们吃的是铁石、沙子，又擅长制造刀戟大弩等兵器，同时还有时现时隐、变幻万方、控制风雨的神力。蚩尤一族挟持了南方的苗民，还召集了各路神怪，打着炎帝的旗号，浩浩荡荡，奔着涿鹿而去。涿鹿和当年阪泉之战的战场相隔只有几里，双方短兵相接、激战正酣。蚩尤一族用神力降下一场大雾，很快遮蔽了四野，巨人勇士在雾中穿梭变化，时隐时现；人脸兽身的魑魅和形如三岁幼孩、周身黑里透红的魍魉一同发出细碎而诡异的声音来迷惑黄帝的神兵天将们。魑魅魍魉虽然善于魅惑敌人，但是他们最害怕的却是龙的声音，于是黄帝便命令将士们吹起号角，发出状如龙吟的响声来。这声音洪亮而浑厚，拥有着刺破诡谲迷雾的巨大能量，魑魅魍魉们在这震天撼地的龙吟声中，各个胆战心惊，很快便败下阵来。黄帝抓紧时机乘胜追击，他麾下有一员神将，乃是居于凶犁土丘、善蓄水行雨的神龙——应龙，希望能彻底驱散迷雾。蚩尤见大事不妙，赶紧请来了好朋友风伯和雨师，操纵了一场暴风骤雨，直冲应龙所蓄水柱而去。这应龙哪是风伯和雨师的对手，很快便败下阵来，水柱也被冲溃了。

黄帝的战士们在这暴风雨中深陷泥潭，举步维艰，他赶紧派出女儿——魃应战。天女魃其貌不扬，秃头，穿一青衣，但她体内积蓄着巨大的热量，她初登战场，便释放出这股非同寻常的热量，涿鹿之野一下子从大风雨变为烈日暴晒的炎炎夏日，天兵神将们瞅准了机会，杀死了蚩尤族的几员猛将，但蚩尤首领和苗民依然杀气腾腾，眼看着这战争将旷日持久地进行下去。黄帝凝神思考，突然想出一个办法：东海中有一仙山叫流波山，山上有一种叫"夔"的怪兽，这怪兽周身青紫，一条腿，长得像牛却没有角，发出的光芒堪比日月，声音宏大又好像打雷。黄帝把这怪兽捉了来，剥皮晾晒，做成了一面鼓。黄帝又杀了雷神，从他的身体里抽出一块最大的骨头来做成鼓槌。这两样神物合在一起，配成了一架军鼓，这军鼓发出的声音，震天撼地，五百里外都能听到，夔时间天地变色，山鸣谷应，吓得蚩尤族的战士们魂飞魄散，失去了飞行的能力，全部匍匐在地上。黄帝的部队乘胜追击，终于把蚩尤杀死了。骁勇善战的蚩尤族落花流水，大败而归。

战场上硝烟一片，尸横遍野，蚩尤族的首领检点人马，已折损了一半以上，有人提出去请北方的巨人国夸父族来支援。夸父国在北方大荒一座叫"成都载天"的大山上，其人皆为身材高大的巨人，他们手里拿着两条蛇，耳朵上也挂着两条蛇，可见他们拥有异于常人的勇猛与胆力。这夸父一族，原是幽冥世界的主人——大神后土的子孙，这后土是炎帝苗裔，故而夸父国也是炎帝后裔，自然要助蚩尤族一臂之力。蚩尤得了夸父一族的鼎力相助，士气大振，接连多次击败黄帝的军队。黄帝见状，赶紧鸣锣收兵，他来到泰山寻求击败蚩尤的方法。过了三天三夜，突然天降大雾，雾中突然显现出一个人首鸟形的女神来。女神见他诚挚坦荡，便微微笑道："本仙正是天上得道的九天玄女，你有什么要问的？但说无妨。"黄帝大喜道："我惟愿万战万胜！"玄女便仔细地将所知行军布阵、波谲云诡的兵法倾囊传授。黄帝得玄女之神妙兵法后，又得到了昆吾山深处的赤金和红铜来炼造宝剑，这宝剑炼成后，通体青色，削玉成泥。有了兵法和兵器的加持，黄帝的部队军威大振，在战场上顿时所向披靡。当蚩尤族和夸父族精疲力竭之时，黄帝部队合围上来，其麾下大将应龙杀死了不少蚩尤族和夸父族的战士。黄帝见时机一到，命应龙生擒蚩尤首领，这应龙本就是带翼的飞龙，他从天空中俯冲下来，用锋利的爪擒住铜头铁臂的蚩尤首领。黄帝不敢大意，马上给这首领戴上了枷锁，避免其逃跑，就在涿鹿之野使其身首异处。他死后，这枷锁一下子变为一片枫树，大约是沾染了蚩尤首领鲜血的缘故，所以枫叶如此鲜红。据说在山东寿张县和巨野县，有蚩尤墓，分别埋着蚩尤首领的头与身子。老百姓常在七月祭祀，这埋着头的蚩尤墓里便在七月常常冒出一缕红烟，直冲云霄，可以想见这英雄落幕的怨怼之气。

今人习惯将炎帝与黄帝并称，作为中华民族的始祖神，其源远流长。炎帝族后来又同轩辕氏黄帝族团相融合，共同构成炎黄部落联盟即华夏族团的主体——汉民族，可以说炎帝神农氏和黄帝轩辕氏，他们在先秦典籍和后人的历史与神话的双重叙述中，游走于神人两界，其形象人神杂糅的演进过程，正如钱穆先生所言，既是人的神化，又是神的人化，炎黄二帝既是远古圣王，又是华夏始祖、人文初祖，炎帝的仁爱慈祥、黄帝的威武公正，确确实实存在于每一个炎黄子孙的心中，逐渐成为中华民族凝聚力的一股力量，成为黏合"想象的共同体"的一段刻骨铭心的民族记忆。

　　而在炎黄部落之间展开的阪泉之战和涿鹿之战，是中国历史上最先有记载的大规模战争。普鲁士将军克劳塞维茨在他的《战争论》中说："战争是一种人类交往的行为。"即便是从神话叙述中，我们也可以看出这次战争的残酷异常，死伤惨重，但是不能否认的是，它的确促成了三大部族的空前交往与融合。因为"阪泉之战"后炎、黄二帝的共同执政，使得炎、黄两族成为华夏族的主干，故而有"华夏子孙"的说法；也正是因为"涿鹿之战"后，黄帝得以成为"天下共主"。千载之下，"轩辕"已成为祖国与民族之代名词，才有"我以我血荐轩辕"的义无反顾之牺牲精神。

强力救世与反抗神意

在中西神话斑斓的星河中，不乏反抗自然及其代言人——至上神，敢于战斗、牺牲，用坚忍的精神和坚韧的力量来拯救世人于劫难之中的英雄形象，如希腊神话中为人类盗取火种而被宙斯派遣的崖鹰日夜啄食心肝的普罗米修斯和他的解救者赫拉克勒斯，印度教中有着善恶双重性格，以头颅来缓冲恒河水避免其给世人带来灾难的毁灭神湿婆……同样在我们民族的神话中，也有着这样以一己之力与内心激荡之志来与强大的外部力量相抗衡的动人形象。

女娲补天

女娲补天无疑是这一序列中最高蹈卓绝的女性形象。大母神造人之后，又度过了一阵平静陶然的时光。不料某一年，宇宙发生了一场大变动，四方的擎天巨柱突然崩毁，九州的土地都龟裂开来，山林燃起了熊熊大火，江河之水陡然暴涨，猛兽和鸷鸟肆无忌惮地猎食老弱，一时间生灵涂炭、尸横遍野。原来是炎帝的后裔、火神祝融之子共工与黄帝曾孙颛顼争为中央天帝，共工战败，愤怒地一头撞塌了不周山，不周山本为天柱，此前二人争斗时，聚集的秋气郁结在不周山的缝隙之中，此时便冲涌而出，成大风雨，其他天柱和系缀大地的四维摇摇欲坠，天缺西北，地陷东南，地火遍布。女娲不忍见自己的孩子遭此劫数，于是取凝聚着生命原力、有思想、有力量的五色灵石，砍断引发大地震动的巨鳌四足充当天柱，杀兴风作浪的黑龙、积芦灰来平息冀州的水患，天地才终于重归平静。象征着法则、原则与终极信仰的天，在这则神话中呈现出变动、不居的意义，不再是完美的、牢不可破的，而是有破碎可能的"物"，男性为权力争斗导致的信仰与秩序的塌陷，由女性来完成重振秩序的赈济与补救，这触发了后世的无限畅想，曹雪芹的《红楼梦》中"木石前盟"的浪漫描绘和女性信仰即发轫于此。

鲧禹始末

鲧禹治水同样也是一则洋溢着英雄之气的救世神话。相传在尧时，洪水逆流，大地顿时变成了一片汪洋，五谷不登，野兽横行，老百姓无所安定，有的爬上了高山藏匿在洞中，有的则只能像鸟一样在大树上作巢。黄帝的孙子——天神鲧非常怜悯苦难中的人类，鲧生就白马的样子，他决心要平息水患。天帝有一件宝物叫"息壤"，这息壤是一种有自我生长能力的土壤，只要投一点点到土里，马上就会成倍增长，积累成山。鲧心想，有了这样的宝物，就不仅可以阻断住汹涌的洪水，还可以让这肆虐的狂潮在围土中干涸。不计后果的鲧当真就把这宝物在灵兽的眼皮子底下偷了出来，用这息壤来堵塞洪水，可堵上没多久又会被冲开，耿直的鲧就这样治水治了九年，却依然徒劳无功。天帝也终于知晓了鲧的所作所为，他勃然大怒，立即命令火神祝融杀了这不肖子孙，并将剩下的息壤夺回。鲧牺牲的地方叫作羽山，这羽山就是委羽之山，是北极之阴，是个终日见不到太阳的极寒之地，这大概就是鲧的尸首三年不腐的一大原因。但更重要的是，鲧之所以可以如此不计后果，其实早已抱定了为人类牺牲的决心，他死后，这博大的爱心使他的精魂不死，这灼灼的精魂也使其尸身不腐，更何况此时他的体内还孕育着生命……天帝知道后，便命天将下到羽山，用吴刀剖开了鲧的肚子。随着天将这一剖，一道金光突然闪过，从鲧的尸身中竟跃出一条黄龙来！这龙也就是鲧的儿子——禹。《楚辞·天问》说，鲧的尸身化作了黄熊，长途跋涉到西方的灵山，让巫师用不死树上的不死药将他救活；《国语·晋语》又说，鲧化为黄熊，坠入了羽渊。无论如何，鲧自此去向不明，但这牺牲与救世的种子却继续在世上传续下去，鲧由此也成为夏代的祖先，歆享夏人的祭祀。

大禹治水

新生的虬龙禹，继承了鲧的志向和神力，天帝见其势不可压制，便干脆任命禹去治理洪水使九州安定，并将息壤赐给他，还派了曾经击杀蚩尤的应龙去协助。禹就带了一群虬龙，浩浩荡荡地下到人间去治理水患。哪知水神共工却出来捣乱，他施法使洪水震荡蔓延，滔天巨浪瞬间又淹没了神州大地，一直没至空桑这样的极东之地。禹不愧为少年英雄，他在茅山会合天下众神，商议治理洪水、对抗共工，于是茅山就改名叫作"会稽山"。这"会稽"就是"会计"之意，即"会聚商议"。据说巨人族防风氏首领因为违命不从，姗姗来迟，被禹砍了头，这是禹号令天下，威慑九州的明证。此后不久，禹便制服了共工，杀死了共工的属下九头巨怪相柳，于是就着手治水。禹和鲧的治水方法不同，他并非像鲧一样一味靠息壤堵救，而是以疏浚相配合，一方面尽力挖掘沟渠疏导河流，一方面用神力移除阻碍水道的山岳。各路神仙精怪都来援助，他前面是应龙，不断地用尾巴画地疏导水流，使其流向大海，他身后跟着玄龟，玄龟背上背着息壤，以便禹随时随地取用。禹一边用息壤填平不断涌出水流的渊泉，一边垒高人类居住的土地，治水初见成效。有一天，禹正站在黄河的岸边观察水势，突然看见一个长着白面孔的人鱼缓缓地从河水中升腾而出，人鱼对禹说："我是河精，人们也叫我河伯。这是画有天下水脉的地图，现在我把它送给你，希望你早日成功！"说完河伯便把一块青石递给禹。禹接过这青石仔细端详，上面刻满了又细又长的纹路，果然是河图。他大喜过望，刚要道谢，可不料这一会儿工夫，河伯就又隐入河中。据说禹还在龙门山的岩洞里遇见了伏羲，伏羲将可以丈量土地的神物玉简也送给了他，帮助他平定水土。

禹一路披荆斩棘、筚路蓝缕：他先用神力击穿了龙门山，将其一分为二；又把阻挡黄河的一座山破成三段，形成了三门峡；后世的小说家们还说禹和他麾下的神兵天将制服了桐柏山的水怪无支祁，把它压在龟山脚下，成功地将淮水引入大海……当他治水到达涂山的时候，已经三十岁了。禹觉得自己年龄不小了，如果再不娶妻，有违礼法。他心里正这么想着，眼前就出现了一只九尾白狐。这九尾白狐是青丘国的奇兽，它的九条尾巴是子孙繁盛的祥瑞之兆。禹一见它，便想起了涂山当地的民间歌谣："谁见了九尾白狐，谁就可以做国王；谁娶了涂山氏的女儿，谁就可以家道兴旺！"于是他就向涂山氏的女儿——一个唤作女娇的美人求婚。面对禹这样一个刚毅俊伟、万人称颂的大英雄，女娇哪有不答应的道理呢？他俩在台桑简简单单地结为了夫妻，可是治水的工作实在是太繁忙了，禹结婚才四天，就离开了娇妻，女娇被独自留在禹的都城安邑。女娇实在是太思恋青丘国了，日日垂泪。禹也终归还是挂念妻子的，就命人在城南筑了一座高台，以便女娇可以登台远望，以慰思乡之情。

可这远离家乡又独守空房的日子，其寂寞凄凉的滋味，也只有女娇自己独自领受，所以当禹偶然回乡，她便坚决要求与他同往。禹拗不过妻子，也只能带着她。有一次，禹要打通轘辕山，这是一项艰巨的任务，不能被打扰，于是他就对妻子说："我在这山崖上挂一面鼓，要吃饭休息的时候，我就会敲响它，你听见这鼓声，就给我送饭来吧。"女娇满口答应着离开了。禹是鲧的尸身孕育而出，有可变熊的神力，于是他就幻化作他氏族的图腾——神熊，用充满力量的熊掌刨土开山。不料飞石下落，恰好击中了鼓，发出"咚咚咚"的敲击声。女娇听见这鼓声，便去给丈夫送饭，待她走近，发现自己的英雄丈夫竟是一只连拱带刨的黑狗熊，她既吃惊，又羞愧，大叫了一声，扭头就跑。禹听见了声响，见是妻子，便急急忙忙地追了上去，一直追到嵩高山脚下。女娇精疲力竭，又无处可逃，便化作了一块石头。禹知道妻子此时已经怀了身孕，心中着急，便高喊道："还我的孩子！"石头轰然打开，蹦出了一个小娃娃，这就是禹的儿子启。

为了治水，禹的足迹遍布九州四海，向东一直到樽木之地，也就是扶桑，沐浴过日出之地——九津和青羌旷野的阳光，呼吸过树木云集的攒树之所的空气，爬上过扪天山的峰脊，用手触摸云彩，领略过黑齿国、鸟谷国和青丘国的风土人情，向南一直到交趾，也就是今天的越南，游历了丹粟、漆树、沸水、漂漂、九阳之山这些南方极热之地，还到过羽人国、裸衣国、不死国这些神奇的国度。向西一直到西王母居住的三危国，又到巫山下向炎帝的女儿瑶姬学了策鬼的法术。向北一直到人正国、犬戎国、夸父国……经过这经年的辛苦跋涉、劳碌奔波，禹终于使得洪水平息。常年的风吹日晒，令禹的皮肤黝黑，他的手上、脚上都早早生出了厚厚的茧，他的腿因为常年浸泡在水中，一根汗毛也没有，早已落下了疾病。禹的半生都付与这治水事业，老百姓都传扬他的美名，十三年间他好几次经过自己的家门，听见孩子哇哇的哭声，都不敢进去看一看，怕这一进就再不忍心撇下自己的孩儿。舜见禹大公无私、居功至伟，老百姓也拥护他，于是就将自己的天子之位禅让给他。禹用自己的强力与坚持，完成了父亲鲧未竟的事业，也换来了万民的幸福与安定。

除了女娲、鲧、禹，这中国神话中反抗自然以救世的英雄序列里，还有射日除害的英雄羿，逐日的巨人夸父，填海的炎帝之女精卫，被斩断了头颅，依然"以乳为目、以脐为口"向天挥舞着干戚的刑天……这些神话一方面如袁珂先生所言"响彻着劳动的回音"，女娲之"补"、鲧禹之"治"、精卫之"填"，反照出远古先民作为自然食物链中被动的一环，长期与自然的压迫相抗争的经验，在此过程中淬炼出的对实干精神的赞美。另一方面，这些人神或是神人所凭借的神异之力，这种能征服与救世的"洪荒之力"，又何尝不是从大自然的残酷与狂暴中汲取的生命原力呢？这种原力灌注在个体的生命里，成为一股"知其不可为而为之"的百折不挠的信念和勇力！

二 宗教神话中的人与神

天人感应与谶纬之说

汉初时儒生多以言鬼神之事来接近皇帝，如贾谊被汉文帝问以鬼神之礼，到武帝时，董仲舒以神学外衣包裹仁义与王霸刑名之学，再到孔子的神化和谶纬之说大盛，儒学的神学化在西汉时达到了高潮。"谶"是一种体现天意的神秘寓言，"纬"则是对经书的一种神秘解释，谶纬的出现可以追溯到古《易》学之卜筮，周公占梦，再到秦时"亡秦者胡也"，陈胜所流布的"大楚兴，陈胜王"等，大致都可归于"谶纬"之类目下。汉武帝后，罢黜百家，不再有与儒家神话相制衡的力量，谶纬则演变为一种特殊的儒教预言，假托孔子，神化刘姓皇权，以解经为由，宣扬神秘的预言，为汉立法，逐渐将儒家礼学发展成体系性的宗教神学，成为汉室证明王权合法性、正统性和神圣性的有力武器；另一方面，主流文化的叛逆与反动者也借谶纬之说来试图破坏现有政治秩序，彰显反叛意识，欲以此来挑战皇权。

董仲舒：祥瑞灾异与三统循环

汉武帝时大尊儒生，董仲舒以"罢黜百家，独尊儒术"见用于朝廷，他在周以来的天道观和阴阳、五行学说基础上，吸收了法家、道家和阴阳家的思想，建立了新的思想体系，成为西汉的官方意识形态：首先是天人关系，"天"是神灵之天，是能主宰人的命运的人格神，董仲舒赋予其道德属性，认为天体运行和四季的变化体现了化育、滋养万物的德性；进而提出祥瑞灾异之说，即当国家呈现出丧失道义的倾向时，天就会以灾难和异象来警示君主，这被认为是天这位人格神对君主的爱护与关心，同样，政治清明之时，也能够感召出祥瑞之兆。他在《春秋繁露》中曾经讲过这样一个故事：周即将兴起的时候，有一只大赤鸟衔着谷种，立在武王的屋顶上，武王和大夫们都大喜过望，周公怕武王自恃骄纵，于是就说："这是上天在勉励我们啊！"在这种逻辑之下，天与人，神秘主义与现世政治之间有着异常紧密的因果关联，形成了一套有理性和逻辑支撑的"天——地——人"相统一的宇宙结构——民受制于君，而君又受制于天，天又是人情民意的反映，君主虽然在民之上，但是一旦他为所欲为，肆无忌惮，自然会有神圣而不可违拗的天来惩罚他。董仲舒认为："道之大原出于天，天不变，道亦不变。"所谓天道，也就是人类社会的各种文化、政治、思想的根本原则，也就是宇宙规则、自然秩序在人世间的体现。这种天人观念为西汉谶纬的兴起提供了理论依据，同时对后世影响深远，窦娥之所以在蒙冤受辱之时指斥和控诉天地，就是企盼天地良心归于正位，从这个意义上来说，天也就意味着清官、圣主、正义和良心为标志的儒家秩序，即所谓朗朗乾坤，人间正道。

董仲舒参考五行学说和邹衍的五德终始说，提出了"三统循环"之说，在他看来，历史与朝代的更迭是黑白赤三统的交替循环，比如夏代对应的是黑统，与之相应就要改正朔（以寅月即农历正月作为一年的开始），朝服、车马仪仗都尚黑；商朝对应的是白统，则以丑月（农历十二月）作为一年的开始，一切皆尚白；周朝对应赤统，则以子月（农历十一月）作为岁首，尚赤。三统是天意的显示，如果不作相应的改变，就是违背天的意志。"王者有改制之名，无易道之实。"在这些改变之下，根本的大道是不会变的。周以后应为黑统，但是董仲舒以秦失道无德，不能继承周统，所以汉应承袭黑统。《史记》中还记载了董仲舒求雨和止雨的本领，说他根据《春秋》的记载来推求阴阳之道交替运行的原因，求雨时关闭种种阳气，放出种种阴气，止雨的方法则恰巧相反，此时董仲舒又俨然是一个巫师了。可以说，西汉儒学之神化在董仲舒那里达到了第一个高潮。

孔子形象的神化

孔子作《春秋》是代王立法，有圣德但又没有实质的君位，故称其为"素王"。两汉谶纬中对孔子形象的描绘带有明显的神话特质。《春秋演孔图》中说孔子高十尺（汉代十尺为231厘米），腰围宽九围（一围指两手合抱的长度，汉代九围有187厘米），坐着的时候就好像蹲踞的龙，站着的时候就好像直立的凤凰，靠近他时仿佛接近昴星（星宿名），仰望他时又似望着北斗星，这巨人身姿，赫赫威仪，正是天神下凡了。至于面部特征，《春秋纬》中称孔子的脸是方形的，天庭饱满，长着"海口"（嘴巴很大），颧骨像月亮，鼻子像太阳，眼睛如黄河，额头似飞龙，嘴唇、面容、脸颊和喉咙都与天上的星辰相类。不仅如此，他的身体部位也符合标准的"圣人之象"：龟脊虎掌、头顶凹陷（"圩顶"）、手长过膝……仅仅是相貌的奇异和神秘还不够，两汉谶纬甚至说孔子的胸前有一行字，字的内容是"制作定世符运"，这也就暗示了孔子是上天降下的圣人，他的使命就是要指明人类社会发展的方向。

孔子除了外形非常符合圣人之相以外，两汉谶纬中对孔子出生的记录也满含神异色彩：孔子的母亲在大泽岸边游览，夜里她梦见黑帝的使者，她接受了邀请，便前去与黑帝（五帝之一颛顼，化身为黑龙）交好，梦中黑帝对她说，她的孩子会在空桑山诞生，不久后她果然在空桑山生下仲尼。仲尼出生那天夜里，天空中奏起和乐之音，两条黑龙从天而降，两位仙女用香雾为他的母亲沐浴。在孔子的家乡，更是有麒麟口衔玉书显现。这一神话不仅与上古神话中帝王圣人的感生神话非常类似，明确称孔子是感天地之气而生的圣人，且指明孔子是黑帝的子嗣，黑帝是属水德，所以孔子五行属水。周朝属木，按照五行相生相克的原理，属水的孔子不可能代替周朝，所以孔子一辈子只能是素王，有圣王之名但无圣王之实，上天降下孔子就是为了"制天下法"，让他成为用以警示天下众人的"木铎"，这就完美地解释了孔子这一生的遭际。不仅如此，《春秋纬》中还记载了大量孔子的"神迹"：孔子会预知未来的吉凶，但他不会直接和当事人提出，而是用微言大义来提示；孔子是感生而降，本不知道自己的父亲是谁，有一天，他拿起律（乐器）来吹了一下，得到了"羽"这个音，而"羽"音就是五行属水的，孔子立即就知道自己是殷人之后了（殷属水）；孔子在和弟子们谈论儒家经典，突然出现了一只赤色大鸟，转瞬间赤鸟又化为玉书，上面写着"孔提命，作应法，为赤制"，也即天降祥瑞，昭示孔子为汉立法，制作符运。

对皇室的拥护与对抗

武帝后，谶纬颇为盛行，这与当时的政治力量斗争与文化变迁有极大关联，甚至有的学者认为，两汉谶纬神学的核心内容就是对皇室的拥护与对抗。比如在昭帝初继位时就有这样的谶纬神话：孝昭元凤三年正月，泰山南部突然发出巨大的声响，好像数千人齐声呼喊，老百姓跑过去一看，可不得了，有一块巨大的石头兀自立在那里，有五尺高，四十八围那么大，有好事之人就着石头的边缘往下挖，入地深度竟有八尺，再往那石头后面一看，不禁倒吸了口冷气，石头后面立着上千只白色的叫不出名字的鸟儿。同时还有好几桩神迹发生：在昌邑这个地方，有枯社木突然复生。在上林苑里，有棵大柳树从中间被折断，断裂下来的部分倒卧在地上，竟也活了过来。更神奇的是，这柳树的叶子上有虫咬出的痕迹，人们仔细一看，竟像是写着文字："公孙病已立。"董仲舒的再传弟子、儒生眭弘解释说："石头和柳树都属阴，是老百姓的象征。泰山又是五岳之首，是改朝换代之时必须祭告上天的处所。今天大石兀自挺立，僵柳死而复生，这绝非人力所能为，一定是要有以匹夫的身份成为天子的人，枯社木突然复生，我料想被废的公孙氏就是这个要成为天子的人！皇上应该派人去寻找贤人，禅让帝位！"眭弘竟然托宫廷内官把记录有这番话的书呈给了内廷，昭帝这时只有八岁，大将军霍光秉政，听闻后非常厌恶和愤怒，下令以妖言惑众和大逆不道之罪诛杀了这个企图以谶纬来动摇汉家政权的书生眭弘。眭弘的言论直指汉家的统治，不可谓不革命，但是企图以谶纬之说来动摇汉家天下，也实在是有些迂腐与幼稚，实在是"书生的革命"。西汉反对势力利用谶纬来对抗王室，而到了东汉，谶纬则成为王朝巩固政权的手段。光武帝一朝确定了图谶的定本，不允许别人再妄造出图谶来，这些经过挑选的图谶，都是有利于天子的。

　　儒学经过神化，使得孔子被搬上了神坛，甚至孔门的七十二贤弟子，也在一定程度上被神化，《春秋》《论语》和众多谶纬之书被当作圣书解读，儒家因而具有了宗教的意味，是为儒教。但是，这样的儒教神话，并未在民间被广泛接受，或者说，并没有由儒学方士介绍给下层贩夫走卒，可以说，谶纬之说，其意图便在于为汉立法，故而服务于豪门贵族，并未能获得触动民众心灵的力量。谶纬之说一方面遭到富有理性精神的知识分子（如东汉的桓谭和王充）的猛烈攻击，另一方面又没有民众基础，故而未能成为真正的宗教。

三清世界与得道升仙

道教源出于古代的巫术和秦汉时期的神仙方术，奉"黄老"（黄帝、老子）为尊而形成宗教。道教神话发轫于春秋时期黄老道家，秦汉时期神仙道术大行其道，到东汉时，谶纬派系逐渐向仙道渗透，民间信仰"五米道教""太平道"建立了缜密的神系……道教在汉代正式创立，奉老子为始祖，称为"帝君""太上老君"，有"太清""玉清""上清"三处圣境，每一境中皆有一至高神。道教神话一路走来，既继承了原始宗教敬天祭祖和天神信仰的血脉，又吸纳了民间崇拜中各路神人异士的传奇故事，丰富多彩而又极具活力。

老子：紫气东来与道教教主

据《史记》记载，老子是楚国苦县厉乡曲仁里人。姓李，名耳，字聃，做过周朝掌管藏书的史官，也就是图书馆馆长。司马迁在《老子韩非列传》中记录了老子和孔子历史性的会面：孔子三十岁左右，多次向老子请教关于"礼"的学问。其中有一次他前往周的都城与老子会面，老子看着孔子悠悠地说："有高尚品德的君子，容貌却谦虚得像愚钝的人一样。您要抛弃您的骄矜之气和过度的欲望，抛弃您的情态神色和过大的志向，这些对您都是没有什么太多好处的。我能告诉您的，也就只有这些罢了。"老子说完，便头也不回地离开了，孔子看着他离去的背影，若有所思，过了一会儿，孔子对弟子说："鸟，擅长飞翔，但我可以用弓箭去射它；鱼，会游水，但我可以用丝线去钓它；兽，会奔跑驱驰，但我可以用罗网去捕获它。但是龙，驾着风腾空万里，我就不知道该拿它怎么办了。老子，就是这龙啊！"

　　孔子对老子的评价十分准确，因为文献记录有限，被奉为道教教主的老子的生平往往呈现出一种模糊而又神异的色彩，"老子西出函谷关紫气东来"就是其中非常有代表性的一则：话说因周朝衰落，老子便起了归隐之心，他一路向西游历，行至函谷关，函谷关口两山对立，中有一小道。函谷关的关令尹喜是个博览古籍、精通历法、善观天文的人，会望气之术，这一天，他正在城头仰观天象，竟看见一团紫气远远地从东面而来，聚集飘浮在函谷关上。尹喜知道这祥瑞降临，预示的是九十天以内，必有圣人通过函谷关往西走，便在关口远望等候，心里已经打好了借看通关文牒为由拜师的主意。果不其然，有一天他见一白发苍苍的老者骑着青牛不疾不徐地从小道而来，正是老子。尹喜大喜，立即上前，假意向老子查阅关牒，对方当然拿不出来，尹喜躬身便拜："先生既然拿不出关牒，就请收我为徒吧！"老子看了看，舒缓而又坚定地说道："天地间蕴藏着最精深的大道，你只需效法自然，便能参透万物，你应该拜天地为师啊，我又怎么能做你的老师呢？"尹喜还不死心，他拿出简牍，又向老子拜了一拜："先生您马上就要归隐了，您的学说也将隐没于天下，您既然不肯收我为徒，也请允许我留下一些您的学问至道来教化世人。"老子无奈，只能写下了五千言的《道德经》。老子放下笔，便又骑着青牛过关而去。再说这尹喜，自得了这天下奇书，便挂冠而去，不知所终。"紫气东来"后来被世人广泛地用来表示有圣人和祥瑞降临，传说中仙人居住的地方称作"紫海"。杜甫的《秋兴》诗曰"西望瑶池降王母，东来紫气满函关"，用的就是这个典故。

道教神系与三清世界

"三清"，指元始天尊、灵宝天尊、道德天尊。"天尊"即极道之尊，至尊至极的意思，他们是道教的最高主神，是"道"的一体三位。"三清"的说法始于六朝时期，但此时多是指"三清境"，即玄气所成的太清境、元气所成的玉清境和始气所成的上清境，分别为神宝君、天宝君、灵宝君三位大神居住，是道教信徒的常乐净土。后来，"三清"才逐渐作为元始天尊、灵宝天尊、道德天尊的通行代称，而"三清境"亦成为其居住地。元始天尊就是早期创世神话中的主神盘古，是三清尊神之首，"元始"即万物之始，预示着他是道教开天辟地的神，禀自然之气，他的本体常存不灭，即使天地全部毁灭，也丝毫影响不了他的存在。每当天地初开，元始天尊都会降临人间，传授秘道，开劫度人，所度者为金仙上品。道教典籍中记载，元始天尊"顶负圆光，身披七十二色"，所以供奉在三清神殿里的元始天尊，多头罩神光，手持红色丹丸，或左手虚拈，右手虚捧，象征混沌未开的"无极"状态。灵宝天尊也就是太上道君，是"玉晨之精气，九庆之紫烟"所化，后托胎于西方绿那玉国的洪氏，历三千七百年诞生，他住在上清境的玄都玉京仙府，有金童、玉女各三十万侍卫。灵宝天尊以灵宝之法，随世度人，历九千九百亿万劫，度人有如尘沙之众。在三清神殿里，灵宝天尊居于元始天尊左侧，手持太极图或玉如意。道德天尊就是太上老君，即神化的老子，他在人世的化身李聃，被认为王者之师，因其传下道家经典《道德经》，所以称其为道德天尊。葛洪的《神仙传》里记载老子的母亲怀孕七十二年才生下他，生而白发且能言，颇有神异色彩。太上老君居太清境太极宫，既是神王之宗、大道的主宰，又是飞仙之祖，时常以分身降临人间。在三清神殿中其神像常作一白须白发老翁，手执羽扇，居元始天尊之右侧位。

"三清"在道教神系中地位最高，除此以外，还有协助"三清"管理天上事务的"六御"。昊天金阙玉皇大帝是六御之首，也就是民间信仰中的玉帝，玉帝掌管三界，可以说是最高行政长官。据说玉帝本是光严妙乐国的太子。国王净德和王后宝月光老年无子，于是令道士举行求子祈祷仪式，太上道君抱一婴儿赐予王后，王后梦醒而有孕，生下了太子。太子长大后继承王位，不久舍国去普明香岩山中修道，功成升举。经过三千劫，才成为金仙，又经过亿劫，方成为玉帝。"劫"是道教中宏观的时间概念，宇宙经历若干年会归元复始一次，重新再开始，是为一劫。"六御"中还有如下各司其职，协助玉帝管理三界的神仙：执掌天经地纬、日月星辰，司掌众生寿命祸福的北极紫微大帝；权衡南北两极和天、地、人三才，主持人间兵革皇权之事的勾陈上宫天皇大帝；掌管山岳土地变化及诸山神、地祇和三山五岳大帝等大神的后土皇地祇，即后土娘娘；执掌四时气候之神，能呼风唤雨，役使雷电鬼神，亦控制万物祸福生发之枢机的南极长生大帝（即元始天尊元神的分身）；大圣大慈、普救众生的东极青华大帝，故而也称为太乙救苦天尊。东极青华大帝座下是一只口吐火焰的九头狮子，其吼叫声可以开启地狱的最深层，故而可以在冥界救度亡魂。每月的三日、九日青华大帝会降临人间，普度众生，最神奇的是他可以循声赋感，人类只要念诵天尊的圣号，他便会前往解救，行动迅疾，有求必应。除此以外，在道教神系中还有星辰之神，天、地、水三官大帝，文昌帝君，八仙等成千上万神仙，唐宋时的道教科仪经典中收录了大量的道教神名，可见其神系庞大。

长生不老与羽化登仙

以长生不死为最终追求目标的仙人信仰，产生于战国时期，神仙说追求的是天生肉体生命的无限延长，并永远享受快乐的欲望。神仙信仰在秦汉时期由于帝王的推崇和方士的推波助澜，出现了第一个高潮；魏晋南北朝时期，由于战争频仍，把神仙信仰向前推进了一步；随着隋唐时期道教的国教化，神仙信仰进入了迷狂的状态；到了明清时期，道教虽然一蹶不振，但是神仙信仰却依然生机勃勃。中国的神仙信仰制造了大量仙话，在民间广泛流传，其中长生不老和羽化登仙是经久不衰的主题。

秦始皇、汉武帝都曾是长生不老与羽化登仙传说的忠实信仰者。秦王统一天下之后，给自己加上"始皇"的尊号，抱持着"递三世可至万世而为君"的野心与希望，一时间，富贵、权力、荣耀都到达了巅峰，但是人的生命之短暂，加之此前所遭遇的生死存亡间的心灵震颤，使其不得不被那些关于长生不老的神仙之说深深吸引。他对海上的三神山——蓬莱、瀛洲、方丈——十分神往，也曾接受宛渠国国民的说法，派徐福东渡扶桑，去寻找那九千年才结一次果实的扶桑树。据说凡人吃了这果实，就可以长生不老；仙人吃了这果实，就会通体发出金光，能飞升到天宫里去。民间传说中，海上的仙山远看高耸入云，一旦走近却会发现仙山竟然在水下，根本无法抵达。徐福带着几千童男童女，果然在海上杳无音讯，再没有回来。传说中秦始皇还曾东游寻仙访道，登上了天台山上的琅琊台，碰上了驾鹤仙游的上清八真之一的安期生，这来访之人，一旦合了安期生的意，他便向其显现，如果不合他的意，他就隐身不见。秦始皇与其宾主尽欢，畅谈了三日三夜。安期生的修仙之处正是东海里的天台山，这天台山，是由神龟背着，在海中浮游，山上有登天之梯，有登仙之台，住着羽人。

同样，汉武帝在李少君、公孙卿等方士的蛊惑之下，也醉心于长生不老的神仙之说。这李少君，知识渊博，能辨别出青铜器的年代，是个文物鉴定专家，但汉武帝却断定他是个已活了数百岁的神仙。李少君还曾蛊惑汉武帝说自己也曾在海上的仙山上与安期生相遇，安期生还送给自己像瓜那么大的枣。于是汉武帝遣方士入海寻找仙山，还尝试用丹砂等药剂来炼化黄金。后来李少君终究还是死了，汉武帝竟认为他只是仙化而去。在汉武帝晚年，他听从公孙卿"仙人好楼居"的建议，在长安和甘泉山一带建造了高楼和通天台，扩建建章宫，在太液池中建了仿"蓬莱、方丈、瀛洲"的仙山。汉武帝求仙访道的热情极高，他曾先后三次亲临东海边，但他终究还是人间帝王。汉武帝曾慨叹："如果能像淮南王刘安那样白日飞升，那放弃皇位和妻子对我来说就像脱掉旧鞋子一样容易。"

这个被汉武帝羡慕的刘安，他是刘邦的孙子，承袭父亲的爵位被封为淮南王，刘安同样向往长生不老之术。传说中有一天，他门下来了八位须发尽白的老人，因不符合门客年龄的基本要求被门官挡在了外面。这八位老人微微一笑，旋即变化成了面若桃花、牙齿雪白、鬓发乌黑的少年。门官看得目瞪口呆，跌跌撞撞地前去禀告淮南王。刘安大喜过望，立即请八公向南而坐，自己则向北方叩头行敬师礼。八公帮助刘安炼成了飞升的仙丹，刘安本准备祈天大祭之后服用，不料却被诬告谋反，汉武帝下令捉拿淮南王，他急着找八公商量，八公却说："这正是王爷飞升的好机会啊！"八公将王府的黄金财宝都埋入地下，带着服下丹药的淮南王一起飞升成仙。刘家的鸡和狗也服食了炼丹炉里剩下的丹药，也和他一起飞升天界。这就是"一人得道，鸡犬升天"的其中一个版本。东晋道教净明派教祖许逊也是一个白日飞升的典型，他一生斩妖除魔，消除水患，受到百姓的拥戴。据说在他一百三十六岁的时候，于东晋宁康二年八月初一合家四十二人一齐飞天成仙。

中国神话中有大量仙话内容，先于道教而产生。其一大主题，便是长生不老。这上承《山海经》对海中蓬莱仙境和不死国、不死民的描绘，包含嫦娥奔月、萧史弄玉得道升仙的神话，又在流传的过程中添加了丰富的道教元素，如汉代东方朔所著志怪小说集《海内十洲记》详述了海中十洲的真仙神官、仙草灵药、奇禽异兽、太玄都、紫府宫、太上真人、上元夫人、返魂术、反生香等，又皆是道教系谱中的概念。历代帝王对仙山和不死药的执着，也让人感慨于古往今来人类个体对无限的向往与执迷。

从豹尾虎齿到雍容人王：
西王母及昆仑山

西王母，也就是民间传说中的王母娘娘，是中国古代神话中至高无上的女神，也是西周时开始兴起的民间信仰的神。《山海经》说她居住在"玉山"，"状如人"，"豹尾""虎齿""蓬首""戴胜""穴居"，是替天展现威力与降下五种灾害以惩戒世人的凶神。不难看出，这一半人半兽的形象带有原始图腾崇拜的迹象，充满了先民对野兽所代表的原始生命力的崇拜。

《山海经》中的昆仑山

昆仑山则是与西王母神话伴生的一个地域概念，据记载昆仑山在中国的西北部，方圆八百里，高一万仞，是支撑天空的八根天柱之一。《山海经·海内西经》中对昆仑山的记述仍不离原始神话的样貌：昆仑山的南面有一深三百仞的渊池，成为天然的仙界与人界的屏障；那昆仑山的入口有开明兽镇守，这精兽的身子如同老虎，长着九个头，每个头上都长着一张人脸，据说还有洞察万物预知未来的神力，它威风赫赫、表情肃穆地面向东方而立，眼神中满是警惕与威慑，守护着神境的平安。在开明兽的西面，是凤凰和鸾鸟，它们身上披挂着的，脚下踩着的，胸前缠绕着的，都是赤蛇。开明兽的北面有视肉、珠树、文玉树、玗琪树、不死树这些灵芝仙草和不死神树。在开明兽的东面，是分别名为彭、抵、阳、履、凡、相的六位巫师，他们围在窫窳的尸体周围，手里拿着不死药来对抗尸毒使其复活。这窫窳，蛇身人面，原也是一位天神，却被喜杀戮的天神贰负和臣子危一同杀害了。

《山海经》中记录的昆仑山，还葆有原始神话蛮荒时代的朴野特质，西王母的原始形象被完整保留。有学者认为，西王母的凶神形象正是战国巫风盛行的具体表征。西周时期的历史典籍《穆天子传》中，周穆王巡游天下，到了太阳落下的山坡——西王母之邦崦嵫山，并借西王母的瑶池设下筵席，款待这西方至高无上的女王。原始神话中那位人兽一体的凶神西王母竟然在这筵席上与穆天子唱和，临别的时候更是赋了一首忧伤的诗来剖白自己的心迹：

> 徂彼西土，爰居其野。虎豹为群，乌鹊与处。嘉命不迁，我惟帝女。彼何世民，又将去子。吹笙鼓簧，中心翱翔。世民之子，惟天之望。

意为自从我来到西方，就住在西方的旷野；老虎豹子和我同群，乌鸦喜鹊与我共处。我守着这一方土地而不迁移，因为我是华夏古帝的女儿；只可怜我的那些善良的人民呀，他们又将和你分别，不能跟着你去。乐师们吹奏起笙簧，心魂在音乐里翱翔；万民的君主呀，只有你是上天的瞩望。

可见，此时的西王母形象，已经逐渐由朴野走向文明，西王母的身份，也被认定为镇守西方的天帝之女，异域之女王，其神职也逐渐由凶神转化为长生之神，诚如《庄子·大宗师》中的记载："西王母得之，坐乎少广，莫知其始，莫知其终。"说这西王母在少广山知晓了"道"的奥秘，是一个生命没有开始也没有终点的长生女神，这和庄子所推崇的至人、神人、圣人是相符合的。《淮南子·览冥训》中所记："羿请不死之药于西王母，姮娥窃以奔月。怅然有丧，无以续之。"这便是民间流传的嫦娥窃取不死药奔月的神话传说，而后羿不死药的来源，就是西王母，可见其形象仙化过程中，不仅自身可以长生不老，还能赋予人长生的能力。嫦娥后羿及穆天子的神话，有极强的寻仙色彩，西王母的不死药，是不少求仙求道者的终极梦想。在《穆天子传》中，她甚至还深情地感喟："侍嘉宾兮歌声浓，歌声依兮上九重。上九重兮上九重。上九重兮君长寿，君长寿兮何日来？"与周穆王依依不舍地上演了一出人仙恋歌，满含浪漫主义的格调。

汉代：仙化的西王母神话

到汉代，西王母已经加入道教因素，全面仙化，昆仑山已基本上成为一座仙山，与奥林匹斯山在希腊神话中的地位等同，是此岸世界的延展。东汉桓骥著《西王母传》中，西王母管辖天上天下，三界十方（佛教术语。三界：欲界、色界、无色界。十方世界：东、南、西、北、东南、西南、东北、西北、上、下。每一方都有无量无边的佛国世界）中女子登仙得道者，都在此居住。昆仑山上有五座城池，名为龟山之都、春山之都、西那之都、昆仑之圃、阆风之苑，十二玉楼，内有琼华宫、光碧堂、九层玄室、紫翠丹房，宫殿左面是瑶池，右面环绕着翠水。从典籍叙述中便可想见其富丽辉煌、仙乐飘飘。昆仑山下，便是那鸿毛不浮、险恶难渡的九重弱水，洪涛万丈，除非有飙车羽轮（飙车，传说中御风而行的神车。羽轮，以鸾鹤为驭的坐车）这样神仙的车乘，否则根本无法到达。《淮南子·地形训》中说昆仑山上有三界天，第一界是凉风之山，登上则可长生不死；第二界是悬圃，登上则可成为"灵"，有驱使风雨的本领；第三界是维上天，登上则可成为"神"，是上古五帝、黄帝之孙——太帝所居之地。昆仑山逐渐由人间的仙境演变为天宫，据学者考辨，《封神演义》《西游记》《上洞八仙传》中的天宫都是由昆仑山演变而来。在这天上神府中位居神格的西王母，则成为人间天子的向往。司马相如曾为汉武帝求仙作《大人赋》，"大人"即天子，他笔下的西王母"皓然白首"，"有三足乌为之使。必长生若此而不死兮，虽济万世不足以喜"。武帝读罢"飘飘有凌云之气，似游天地之间意"。张华《博物志》中的汉武故事则说西王母派乘白鹿的使者告诉汉武帝，自己将要与武帝会面。武帝于是在九华殿设帐等待西王母的驾临。七月七日夜漏（古代计时器）七刻，西王母果然乘着紫云车显现，身旁有三青鸟相伴，她拿出七个弹丸大小的仙桃，五个给了武帝，两个自己食用。武帝吃完了仙桃，就把桃核放在自己膝前，西王母问道："留着桃核做什么用呢？"武帝说："这桃儿甘美，我想要留着种。"西王母大笑："这仙桃三千年才结一次果。"言下之意是，此果只应天上有，凡人短暂的生命是无法与其匹敌的，更何况栽植呢？武帝近臣太中大夫东方朔偷偷地从南厢房的窗户中窥看，西王母对武帝说："这窥窗的小儿，曾经多次来偷我的蟠桃。"武帝就以东方朔为奇，认为他是天上的神仙下凡。西王母在这则故事中俨然是长生神了，这一故事在道教仙话中又演变为西王母授仙经、宝诀，这与道教中修仙的道术——炼养与服食相关，道教的上清派还给予西王母高贵的地位——道教女仙之首。

《汉书》中更是记载了一则关于西王母崇拜的疯狂的民间群体事件：汉哀帝建平四年正月，天变显示将有特大灾异发生，关东的民众受惊，向四面八方奔走。他们手上都拿着树枝，称其为"行诏筹"——也就是以天帝的名义所拟的文书命令。这些民众有的披散头发徒步前进，有的在夜里翻墙闯过关卡，有的乘车骑来回奔窜，穿过二十六个郡国，最后来到京师。这一年的夏天，京师的大街小巷，都设有西王母的祀仪，人们载歌载舞进行崇拜仪式，还铺展开博具在街头赌博。民众中又传阅一纸条，纸条上写着：西王母告知百姓，佩戴此信者不死，不相信我的话，回家看看你的门闩（门枢）下，一定有一缕白发。这场民间混乱一直到秋天才停止。据学者分析，从对"白发"（长寿象征）、"门枢"（朝廷象征）、"西王母"（妇人）等意象的分析，结合汉书文献，可见其背后有政治势力的支持，目的在于对当时哀帝祖母傅太后外戚专政施加压力。至此，西王母成了汉代重要的民间信仰，与东王公成为伏羲女娲后的第二对日月神，东王公是玉皇大帝的前身之一，西王母随后就成了天宫第一夫人，升格为身份煊赫无比的雍容人王——所有成仙的女子都由西王母管辖，西王母也成为修仙的楷模。

西汉时武帝派张骞探访西域，寻找仙山昆仑，"河出昆仑"，也就是寻找黄河源头，使者找错了地方，回来报告说黄河的源头在新疆于阗的南山。南山多玉，与《山海经》所言昆仑多玉相一致，于是汉武帝命名南山为昆仑山。学者认为，正是这一举动打破了世俗和神圣的界限，"当人们发现现实之中昆仑并不存在神灵的时候，于是对昆仑的信仰就衰落了"。

八仙过海，各显神通

八仙本是道教中的八位神仙，汉代、唐代、宋代的八仙各不相同，一直到明代吴元泰《东游记》，始定为：铁拐李（李玄）、汉钟离（钟离权）、张果老（张果）、吕洞宾（吕岩）、何仙姑（何琼）、蓝采和（许坚）、韩湘子（韩仙）、曹国舅（曹景休）。他们的故事在民间流传甚广，他们的形象和性格也与一般威严正统的神仙大相径庭。

铁拐李与汉钟离

铁拐李，是八仙之首，他原名李玄，生得魁梧高大，聪颖过人，在洞中修行多年，道法精深。有一日他要去华山赴太上老君的约，嘱咐他的徒弟说："徒儿啊，我将要用道法将魂魄和肉身分开，我的魂魄出门远游，我的肉身就留在此处，如果我的魂魄七日没有回来，你就可以把我的肉身焚化。"说完便离魂而去，一直等到第六天，李玄还没有回来，小徒弟夜里做了个梦，梦见一个老神仙告诉他母亲去世的消息，他急着要回家奔丧，心想这都第六天了师父怕是回不来了，于是就哭着把师父的肉身给焚化了。李玄在第七天果然回来了，但他的魂魄却无可依附，只能附在树林里饿死者的尸身上，于是就变成了我们熟悉的双目圆睁、跛脚持拐、头戴金箍的形象，据说他头顶的金箍，还是太上老君赐予的，是为了晓谕其道应在表象之外求得的道理，而那铁拐则是西王母点化其成仙，被封东华教主时所赐。铁拐李行乞于市，因其形貌丑陋、常被人轻贱，传说中他将铁拐往空中一扔，就能化作黄龙飞去。铁拐李身上还有个大葫芦，葫芦里装着取之不尽的灵丹妙药，所以在民间也被作为药王来崇拜。

汉钟离，原名钟离权，字云房，道教主流全真道祖师。他原本是汉代大将，身长八尺，生得英俊威武，奉命征伐吐蕃，因奸人构陷，作战失利，一人一马奔逃进了山谷中，在密林深处迷失了道路。他遇见一个西域僧人，领着他走了数里地，到了一处田庄，胡僧抛下一句"这里就是东华帝君成道的地方"便揖别而去。钟离权正要转身离开，忽然听见人声："这个金发碧眼的胡僧真是多嘴！"寻声而去，见一老人披着白鹿裘衣，手持青藜杖，高声问道："你是汉大将钟离权吗？你为何不寄宿在这山僧的居所？"钟离权大惊，知道此人必定神异非凡，联想至此时自己的境遇，心生向道之心，赶紧跪地哀求度世之方。老人微微一笑，将长真诀、青龙剑法和炼取长生金丹的火候尽数传授。钟离权学得妙法，告辞出门，回看田庄，竟消失不见。钟离权方才醒悟，这点化自己的，莫不是东华帝君（一说铁拐李）。后来钟离权又遇华阳真人、上仙王玄甫，传授其长生诀；在崆峒山的紫金四皓峰得玉匣，内藏秘诀，于是仙化而去。因其自称"天下都散汉钟离权"，意思是天下最逍遥的人，所以被后人称作"汉钟离"。

钟离权十试吕洞宾

吕岩，字洞宾，唐时蒲州人。传说他在唐德宗贞元十四年四月十四日巳时生，母亲生他时，异香盈室，天乐并奏，有白鹤飞入帐中而又隐去不见。吕岩生得仙风道骨之象：鹤顶猿背，虎体龙腮，双眉入鬓，颈项修长，颧骨突出，尚在襁褓中时就有异人马祖说他骨相非凡，是尘外之物。他少时便能日记万言，倚马成文，可成年后两次考进士均落第，直至六十四岁依然功名无成。一日他在长安的酒肆中投店住宿，老板正在煮黄粱粥，吕岩安顿好后，便在这黄粱粥的香气中沉沉睡去……恍惚间，他状元及第，平步青云，成为当朝宰相，更与大家闺秀结为婚姻，儿女满堂，无比富贵与荣耀。在梦中正得意之时，却陡然间祸从天降，落得个重罪抄家、满门流放的下场……吕岩从梦中惊醒，就见钟离权立在其床边，露出神秘的微笑："黄粱还未烧熟呢，你怕是已经梦至华胥国了吧？这黄粱一梦，你可明白半分？"吕岩知此人为仙人，前来点化他，伏地便要拜师。钟离权却厉声道："你啊，志向不坚，凡心未除，要想成仙，怕是还要几辈子吧！"遂隐去不见。

原来这钟离权有心要给予吕岩十次试炼，观察其是否有修仙的资质。再说这吕岩见仙人隐去，心中纳罕，只得回到家中，推门一看，却见一家老小皆横尸于地，他没有流露出丝毫悲伤，外出采办齐了一家人的棺木，等他返回，一家老小又悉数复生。此为第一试。吕岩到集市上去卖货，本已与买主商量好了价钱，对方收下了货物后突然反悔，只肯付商定好价格的一半，吕岩不动声色，平静地离开了。此为第二试。正月初一，有一衣衫褴褛的乞丐来吕家乞讨，吕岩施舍了些钱财，可这乞丐竟看上了屋内的物什。吕岩便将他看中的东西一一交付，有时拿得慢了乞丐竟出言不逊，吕岩作揖赔笑，乞丐方才离开。此为第三试。后来吕洞宾又经过女色、钱财、猛兽、翻船等六次考验，每次都能以勇力、定力和仁心化险为夷。终于到了最后一关，这一天，吕岩在家中安坐，突然闯入了几十个夜叉，押着一个血肉模糊的囚犯，囚犯口中大叫着："上辈子杀害了我的仇人，快快拿命来偿！"吕岩镇定地说："杀人偿命，没什么好推辞的。"旋即拿出绳索准备自尽。正当吕岩的生命危在旦夕之时，空中突然传来一阵巨大的声响，夜叉和囚犯皆化作一缕青烟，钟离权显现出来，他一边鼓掌，一边笑盈盈地看着吕岩说："尘心难灭，仙才难得啊！我的好徒弟，你能经受住为师十次考验，实在是修道成仙的好材料啊！"于是就带着吕岩到了终南山上的鹤岭，传授他上清秘诀。吕洞宾得道后，在江淮间游历，试灵剑、除蛟害，在江淮间或隐或显四百余年。

蟠桃会八仙过海

除了上文提到的铁拐李、汉钟离、吕洞宾，八仙中还有倒骑驴的张果老，传说他是尧帝时代的人，到了唐时，已活了三千岁。唐玄宗曾征召他入宫，他能在顷刻间返老还童，引得唐玄宗啧啧称奇，要将公主许配于他，他从随身携带的箱子中取出驴形纸片，吹了一口气，那驴便化作真驴，张果老就倒骑着驴走了。何仙姑，原名何琼，是八仙中唯一一位女性，是一位至情至性的女仙，她十四岁那年在山中遇上一位老神仙，给她吃了一个仙桃，从此便几日不知饥渴，神仙又教她采集山上的云母片服食，不出几日便能身轻如燕，行走如飞，她在山上采集草药，救治百姓，后武则天征召她入宫，唐中宗时她便在凤凰台上白日升仙。蓝采和，原名许坚，本是勾栏瓦肆中的杂剧艺人，常身着破蓝衫，手执大拍板，似醉非醉，行歌大道之中，后被钟离权度化，乘云而去。韩湘子，是唐代大文人韩愈的侄孙，善吹洞箫，是个温润如玉的翩翩君子，因追随钟离权和吕洞宾学道，被排斥佛道的韩愈怒斥，隐遁终南山修道，终于位列仙班。曹国舅的世俗身份则是八仙中最显赫的，他本是宋仁宗时期曹皇后的弟弟曹景休，因牵扯进其二弟的杀人夺妻案而锒铛入狱，后遇大赦，遁入山林，矢志修仙，后受钟离权和吕洞宾度化成仙，位列八仙末位。

这一日，八仙齐聚，赴蓬莱阁蟠桃大会为西王母祝寿，回程渡海时，吕洞宾提议去东海中仙山游玩，但众仙不得乘云而过，须各以宝物投入水中，乘所投之物渡海。铁拐李率先将自己的拐杖投入水中，自立其上，乘风逐浪而过。见铁拐李逍遥自得，众仙也纷纷将宝物掷下，吕洞宾、韩湘子、蓝采和、张果老、曹国舅、汉钟离、何仙姑各以宝剑、箫管、花篮、纸驴、笏板、芭蕉扇、荷花投水中而渡，可谓"八仙过海，各显神通"。哪知这八仙渡海的波涛引来了龙王太子，他一眼便看中了蓝采和脚下的花篮，立即下令虾兵蟹将上前抢夺，蓝采和哪里肯依，遂争斗起来，其余七仙见状，怒火中烧，遂大战了几个回合，最后由曹国舅开路，竟一路打进了龙宫里去，将龙宫闹了个人仰马翻。龙王见大事不妙，前去请天兵天将援助，南海观音前来调解，方才平息了这场争斗。

八仙故事发源于道教，又杂糅了民间传说故事，在明代神魔小说中基本定型。八仙均来自民间，成仙前的身份多种多样，既有皇亲国戚，又有乞丐平民，涵盖了男女老少、富贵贫贱，个性鲜明，度世救人，深受百姓喜爱：明代的青花瓷瓶上，便有八仙为西王母祝寿的图样；老百姓在家中祭祀八仙，摆贡品的桌子就叫八仙桌，是明代家具中不可或缺的典型式样。

三 历史文化传说与原始动力

《山海经》：异形与异禀

　　《山海经》是先秦时代的一部古籍，相传禹和他的助手治水时，巡行名山大川时记录下有关鸟兽昆虫、殊国异域和八方民俗的内容，由此而成一本奇书。学者们普遍认为其并非一人一时所作，而是由不同时代的不同作者多次修改、注释增益而成。《山海经》也被认为是一部有奇幻、神话色彩的地理书，现今存世的共计十八篇，由"山经""海经"构成，还附有大量形象的绘画，这一版本是西汉刘向、刘歆父子整理而成，记录了上古时期的地理、历史、物产、神话、巫术、宗教、医药、民俗、民族等内容，是一部极富想象力的惊世之作。学者李劼曾直言《红楼梦》直接承袭的就是《山海经》中"女娲补天，开辟鸿蒙"宏大瑰丽的历史叙事方式，"上通茫茫宇宙，下接浩浩尘世；吸纳天地之精气，沐浴四季之灵秀……为神灵之使，为上帝立言。"可见《山海经》开创的混沌初开、超然卓立的文化气脉。

　　《山海经》中记述了许许多多"中原之地"以外的有趣的海外国家和奇异生物，我们主要介绍其中的"异形"和"异禀"。"形"即形貌，"禀"

即禀赋，有些远国异人又同时兼具"异形"与"异禀"。比如有关大人与小人的记述：东海有一座波谷山，大人国就在这山上，山上有座宏伟的建筑，叫大人堂，往里一瞧，有个巨人就张开两臂、蹲在堂上。据说这大人啊，在娘胎里待足了三十六年才降生在这世上，生下来就是魁梧的巨人，而且头发就是白的，天生就会腾云驾雾却不会行走，据说他们是龙的后代。此外，龙伯国人有三十丈那么高，寿命有一万八千岁；大秦国人，高十丈；中秦国人，高一丈。这些异人，都可以被称作是"大人"了。再比如在北面的聂耳国，"聂"是捧着的意思，"聂耳"就是指耳朵大而下垂。聂耳国人的耳朵确实大得一直垂到肩膀下面，那里的人不得不总是用手捧着两只大耳朵，据说他们是海神禺猇的后代。唐代的《独异志》上还说他们睡觉的时候用一只耳朵做被子，一只耳朵做席子。他们身旁常有两只老虎守护。曾参与黄帝与蚩尤大战的夸父国就在聂耳国的东面，那是一个名副其实的巨人国，夸父族的族人右手握着一条青蛇，左手握着一条黄蛇，可见他们的生存环境之恶劣。他们中有位著名的神人，也就是我们所熟悉的与太阳赛跑的那位，当他追上太阳的时候，也是他的生命消耗殆尽的时候，他一口气喝干了黄河和渭河中的水，终于还是倒下了。他的身躯化作了一座高山，他的手杖化作了邓林，这树冠之大竟有方圆三百里，可见双木成林诚不我欺。和大人国形成鲜明对比的是小人国，在南方的海外，有僬侥国，又叫周饶国，那里是名副其实的小人国，那里的国民个个都是侏儒，他们住在山洞里，但是生性聪敏，又文质彬彬，擅长制作精巧的器物。这样聪明灵巧的小人，也因为身量矮小而有特别的苦恼，比如他们在田里耕作时，就会担心被鸟儿当作食物衔了去，还好邻国——大秦国人会来帮助他们赶走鸟儿。

《山海经》中对"异形"的记述往往是将动物的形体与人结合，体现出动物崇拜的鲜明特质：比如羽民国，那里的人脑袋又长又尖，白色的头发，红色的眼睛，尖尖的鸟嘴，背上有形似鸟儿翅膀一样的大大的翅膀，他们和鸟儿一样，也是从蛋里孵出来的。他们以鸢鸟的蛋为食，可以飞，但是飞不远。再如南方海外的厌火国，那里的国民，长得像猿猴，身上长满了黑色的毛发，一边说话一边就能吐出火来，他们经常拿火炭嚼着吃，陪伴他们的还有一种叫祸斗的食火兽，这种异兽排出的粪便也带火，走到哪里，哪里就会有火灾，所以被视为灾异的象征。有的以"异形"著称的国家则是身上的部位异乎常人，比如贯胸国，那里的人身上有一个穿胸而过的大洞，据传他们是防风氏的后裔，他们为了给被禹杀死的祖先报仇，在大禹乘龙车巡游时搭弓射箭准备射杀他，此时突然雷声大作，二龙驾车腾空而起，消失在天际。防风氏的后裔们知道闯了大祸，便自行剜心而死。禹听闻后，感动于他们的忠直，便命人把不死草填塞入他们胸前的大洞里。不久，防风氏的后裔们便死而复生，但是胸前的大洞却再也不能重新长出血肉来了。清吴任臣近文堂图本里的贯胸国国人上身赤裸，下身穿着短裤，贵人们出门的时候如果想省力一些，就让下人用一根竹竿穿胸而过，扛在肩上便走，十分有趣。再如南方海外的三首国，那里的国人，一个身子上长着三个头，呼吸一口气，从三个头上不同的气道里一起灌入，其中一个头上的眼睛看见了，其他两对眼睛也便能看见；其中一张嘴吃了东西，另外两张嘴也就不馋了。据说他们是黄帝的臣子——"能视于百步之外，见秋毫之末"的离朱的后代，也许他们也有视通八方，见人所未能见的本领。北方还有一个深目国，那里的人们脸上只有一只眼睛，深深地陷在眼眶里，平时总是举起一只手，好像在和人打招呼的样子。无肠国在深目国的东面，无肠国人身形特别高大健壮，但是他们肚子里空荡荡的，没有五脏，也没有肠子，吃下去的东西就直接排出来，据说他们也没有繁衍的能力。在偏远的大荒之中，有不庭之山，山上有一个三身国，这里的人们都是一首三身，他们都姓姚，且都以黍麦为食。相传他们的祖先是帝俊和妻子娥皇所生的孩子，这孩子生下来也是一首三身。三身国人大都具有驱使驾驭四种飞禽走兽的本领（使四鸟），这是帝俊的后裔大多所具备的能力。三身国的北面，就是一臂国，一臂国的国民都只有一条胳膊、一条腿、一只眼睛和一个鼻孔。他们又叫半体人和比肩民，因为他们往往靠在一起比肩而行，甚至吃饭的时候也保持这种姿态，大概如此便能保持平衡，也比较省力。一臂国人的坐骑是一种珍兽，长着老虎皮毛斑纹的黄马，也只有一只眼睛和一条马腿。

再比如以长寿著称的国家——东方的君子国，这里的人们个个文质彬彬，不仅非常注重外在之礼：衣冠整齐、身佩宝剑，同时有着极高的内在修养——互相谦让，崇礼不争。但他们绝非孱弱之人，以野兽为食，身旁也常常伴有老虎这样的猛兽，可见其斯文外表下的勇猛与血性。在清人李汝珍的小说《镜花缘》中，更是将君子国描摹成一个令人向往的礼乐之邦，农人在田畔互相礼让，行者在路上亦谦逊有礼，君子之风之普遍，无论贫富贵贱，官员还是百姓。尤其有趣的是，在市场上买家和卖家却会发生争执，因为卖家力争用低价卖出上等货，而买家却坚持用高价买次等货，彼此推让，一场交易往往要持续很长时间。这个国家的国王还颁布法令，如果有臣民进献珠宝，便将其烧毁，进献者还要遭受惩罚，可谓"君子以不贪为宝"的神话诠释了。这里的人，寿命都很长，大概和他们的君子品格有关，世俗的奸诈之心对人的寿命也是一种消耗。君子国属于"九夷"，孔子曾经感慨地说："道不行，乘桴浮于海。"就是要到九夷之地去施行自己的教化主张。穷山的轩辕国也是长寿的国家，国民是人脸蛇身，那里就算短命死去的人，也有八百岁，从国名我们就可以判断出，他们是黄帝的子孙。大荒南面有不死国，不死国里有一座员丘山，山上长有不死树"甘木"，吃了这"甘木"的果实就能够长生不死，不死国境内还有赤泉，喝了这泉水就可以妙龄永驻。这员丘山怕是最早出现的仙界了。将长寿发挥到极致的当属大荒西北的无启国了，无启国又称无继国，这个北方国家的人没有性别之分，没有生育能力，也就没有后代。他们住在山洞里，吃的是泥土，死了之后就被埋入土中，他们的心不会腐烂，一百二十年后就会在土壤中复活，可见他们的生命一直在有形的轮回之中。

除此以外，还有许多颇有特色的国家，比如西方的丈夫国，一国上下都是男子，和君子国一样都衣冠楚楚，身上佩剑。丈夫国国民终生无妻，那他们都是从哪里来的？据说他们每人可以从背部的肋骨之间生出两个儿子来，儿子一旦产出，父亲就立即死去。据说丈夫国国民最早是殷帝太戊的使者王孟的随从，因采药而跟随西王母来到此处，因为粮食吃光了，不能再继续前进，于是就以野果为食，以树皮为衣。那队伍里没有女子，故而他们只能以这种特殊的方式生根繁衍了。丈夫国的北面是女子国，这里的国民又都是女人，据说这里有一黄池，这池水可真是名副其实的神仙水，只要女子国国民在这池水里沐浴就会怀孕。如果生下来的是女孩儿，就可以平安长大，但若是男孩子，长到三岁就会夭折。女子国和丈夫国中间有一个巫咸国，这是一个由巫师组成的国家，这里的人啊，都是巫师，他们的模样非常诡异，左手持红蛇，右手持青蛇。巫咸国里有灵山和登葆山，这两座山都是直达天庭的通道，这群巫师每天就经由这两座山在天上和人间穿梭，把人间的消息和人民的请求传达给天帝，又将天帝的意旨下传给人民，他们还在途中采撷草药，造福人民。

《山海经》中满是关乎异形与异禀的海外异人的瑰丽想象，充满着仙境、神兽、奇花、异草的瑰丽诡奇的意象，一方面遥远难寻，另一方面却又昭示了人们对不死之身与超越自然束缚之异禀的追求，将自身所处的环境巧妙地糅合进了神异的叙述中，亦真亦幻里不乏对自然的模糊的认知与投影。同时，我们不妨将这些关乎"四夷"的奇妙幻想看作是自我认知的反面，中原文明的自我确认：他者的奇诡荒诞，不正是映衬出中原文明这一主体的正常与完善吗？诚如学者所言："文化以他者作为参照，越是被说得异常，就越能反证自我的正常，越是被描绘得丑怪化，就越能反衬自我的优越与完美。"

瑶姬：暮暮朝朝的梦幻

瑶姬，一说她为炎帝的小女儿，到了出嫁的年龄，还没有出嫁就去世了，葬于巫山，所以又名巫山神女。她的魂魄依附于瑶草：那瑶草柔软的茎蔓，似神女曼妙的身姿；瑶草的叶子重叠而生，像神女华丽而又飘逸的裙裾；瑶草的花朵是绚烂的黄色，像神女娇媚的脸庞。如果女子服下瑶草的果实，则会变得千娇百媚，焕发出无穷的魅力，能随意地获得别人的爱慕。传说楚怀王曾经在云梦泽畋猎，夜里就宿于一座名为高唐的馆舍，梦中见一婀娜的少女伴着环佩的鸣响款款而来，行至其枕侧，用极温柔的声音说："王上莫惊，我是炎帝的小女儿瑶姬，未嫁而亡，父亲怜惜我，便让我的精魂在这巫山之中做一个云雨之神，早晨化作一片美丽的朝云，在这山间自由自在地周游，晚上变作潇潇的暮雨，将早夭的绵绵恨意向这山谷里倾洒。我得了天地阴阳造化之神妙，天地之间的美好都集于一身，知王上来这高唐馆小住，惟愿与您同枕而眠。"怀王仔细地端详这巫山神女，"其象无双，其美无极"，皮肤晶莹剔透，像月下皎洁的光芒；形容靓丽如同鲜花；温润柔美如同宝玉；明眸流转如星光闪耀，服饰华美发出五色光芒……果然是集万千之美于一身，到了语言都无法形容的地步，怀王心生爱慕，便与之同眠共枕，互诉衷肠。哪知第二天醒来，怀王的衣襟上还留有缕缕香气，但神女已不见了踪影。怀王怅然若失，无法忘记神女美妙的形容和与之缠绵的点点滴滴，便命人在高唐附近建了一座庙，庙的名字就叫作"朝云"。后来楚襄王也来此游历，宋玉将怀王的奇遇告诉了襄王，襄王十分羡慕，当天晚上襄王竟也做了一个梦，梦见情意绵绵的巫山神女，但神女却最终拒绝与之同眠共枕，襄王醒后，将自己的梦境告诉了宋玉，命他写成了《高唐赋》和《神女赋》。

关于瑶姬，还有一种说法，源自五代蜀杜光庭的《墉城集仙录》，富含道教神话的元素，其中记载瑶姬是西王母的第二十三个女儿，名为云华夫人，太真王夫人的妹妹，曾经前往东海游玩，渡江的时候，经过巫山，见这里峰峦挺拔，层林叠翠，巨大的石头竦峙在江中，便被深深吸引，在此处久久流连。当时大禹正好在巫山下治水，突然刮起了狂风，从山崖上坠落的石块把山谷都壅塞住了，大禹正一筹莫展时，一阵清风吹拂四周的草木，不一会儿，便幻化出一个清丽的身姿，他定睛一看，正是一个若隐若现、美艳绝伦、举手投足之间又无半点尘俗气的神女，她身边还立着两位侍女，同样清秀可人。禹心中一惊："莫不是有神灵来助我一臂之力？"他倒头便拜："在下是奉天帝之命疏浚治水的禹，粗陋寡闻，不识神女。"神女的嘴角微微上扬，禹又说道："在下在此处遇险，凭一己之力无法疏通巫山，福荫万民，还请神女相助！"神女对身旁的侍女点了点头，侍女从怀中取出了一卷书，交到了禹的手上，此时，半空中响起一个空灵的声音："大禹啊，这是可以策召鬼神的天书，你照书上的方法招来神兵鬼差，他们定可以帮你疏浚要害之地！"大禹如获至宝，他急忙将天书翻开，照着书上的方法对着特定的方位施起法来。刹那间，天地变色，天空中突然裂开一个三尺见方的缺口，缺口处金光四射，几位身披铠甲、手执利剑、横眉威武的天神脚踩五色云，从缺口处一跃而出，他们降临在禹面前，对他行了礼，领头的那位上前一步说道："天神狂章、虞余、黄魔、大翳、庚辰、童律听候您的差遣！"禹心中大喜，将治水工程的草案一一与几位天神说了，他一声令下，他们有的举起神剑，砍断了拦路的巨石，有的用惊人的臂力疏通险峻，将坍塌的峡谷恢复到原本的样子。不消半日工夫，原本让禹为难的巫山的治水工程就完成了。

禹回过神来，再要寻找神女，却不见其身影。天神童律指了指崇巘山巅峰上的那块人形的巨石，突然这石头化作一股青色的气流骤然飞腾，到了高空中，又飞旋了几周，飘散成了朵朵青云；这青云飘飘荡荡，很快又聚集在一起，呈现出傍晚时夕阳的橙红色，竟还落下了丝丝细雨，巫山顿时升腾起了阵阵烟雾。禹心中正惊异，眼光却始终不能从天空中移开，只见那神女一会儿化作腾空直上的游龙，一会儿变为神采奕奕的凤凰，一会儿又变作飞翔的仙鹤……千姿百态，变化万状。禹心里起了疑心，这女子神异怪诞，又可作万千变化，恐怕并非是真正的仙人。身旁的童律早已猜透了他的心思，他注视着禹说道："这神女啊，是云华夫人，她可是众仙之首西王母的亲生女儿，她的仙体是西华少阴之气所化。想变作人就变作人，想变作物就变作物，又岂止是云雨龙鹤、飞鸿腾凤？她感佩您为民去害的决心与勇力，所以才派我们来相助，您又为何要猜忌她呢？"禹深以为然，又为此前的想法感到惭愧，他经天将指点，前去拜谒神女，以表感激与歉意。他来到了天宫云华夫人居住的瑶宫，只见眼前高耸入云、晶莹剔透的云楼和玉台，宫殿前站满了灵官和侍卫，禹将来意诉于灵官，殿门轰然开启，只见狮子、天马、毒龙、电兽伫立在大殿两侧，威风凛凛，森然欲搏人，他一步步登上殿去，终于见到形容华贵的云华夫人端坐在缀满金玉珍宝的瑶台之上，正微笑注视着他。禹行了稽首大礼："叩谢云华夫人相助之恩！"夫人向身旁的侍女挥了挥手，侍女捧着宝册交到禹手上，禹投去询问的目光，夫人点了点头说："此乃丹玉之笈，上清宝文，我的护卫天将庚辰、虞余以后听你的差遣，助你完成治水大业！"禹拜受而去。此后他在宝册和天将的帮助下，开山破石，疏浚川流，终成大业，得天赐玄珪，被封紫庭真人。

据说瑶姬因为对巫山的美景和老百姓非常眷恋，所以就长久地住下来，她天天站在高崖上极目远望，注视着三峡中的行船，又派了几百只神鸦，命它们在峡谷上空飞翔，引导船只平安渡过。正因为她长久地站立和凝视，不知不觉的，她自己竟也成了这许多峰峦中的一座，当地人都叫她神女峰，她的侍女们，也化作了一个个大大小小的峰峦，也就是现在的"巫山十二峰"。

有关瑶姬的神话带有浓重的原始神话色彩，巫山神女可自由幻化作云雨等自然现象，神女热情奔放，自荐枕席，她与楚怀王的神交，含蕴着阴阳和合化生万物的色彩，可以因此促进楚国五谷丰收、人口繁盛，因而对神女拒绝楚襄王，有学者就解读为对襄王需效法先王的警醒。受《神女赋》影响，瑶姬成了美女的代名词。在瑶姬神话的基础上，历代文人墨客反复咏叹该意象稍纵即逝而又不可复制的美好，如李白用"雨色风吹去，南行拂楚王。高丘怀宋玉，访古一沾裳"记述自己的巫山之行，元稹用"曾经沧海难为水，除却巫山不是云"喻指对爱情的忠诚，甚至连当代诗人舒婷都咏叹道："美丽的梦留下美丽的忧伤／人间天上，代代相传／……与其在悬崖上展览千年／不如在爱人肩头痛哭一晚。"

伍子胥：滔滔不绝的愤怒

　　春秋时代，吴国和越国争霸，历史上称其为"吴越春秋"，伍子胥是这个故事中最重要的传奇英雄，他的故事颇有神话传说的意味。我们要先从他的身份说起：伍子胥是楚国的名门之后，名员，字子胥。他的父亲伍奢是楚平王太子建的太傅，也就是太子的老师，他的哥哥名字叫伍尚。太子到了婚配的年龄，楚平王派太子少傅费无忌去秦国为太子物色一个既美丽又善良的女子。这费无忌是个谗臣，他虽为太子少傅，心里打的却是成为楚平王权臣的主意。无忌在秦国果然物色到了一个绝世美女，他星夜驰归，禀报平王说："大王不如将美女占为己有，再替太子另外物色一个妇人。"楚平王大概是一个纵欲之人，果然听了费无忌的谗言，将美女收入宫中，又担心太子心怀怨愤，犯上作乱。伍奢谏诤平王，平王大怒，囚禁伍奢要将其杀死。费无忌对平王说："伍奢有两个儿子，他们都很有才能，如果不斩草除根，早晚会成为楚国的祸患。"平王命伍奢将儿子召来，否则就立即杀死他。伍奢心下明白，他淡定地对平王的使者说："我的大儿子尚为人仁厚哦，我叫他他一定会来；但我的小儿子员为人刚强、忍辱负重，有决断，是个做大事的人，他非常清楚来了之后凶多吉少，他一定不会来。"伍尚果然如他父亲所言要去见楚平王，伍子胥则愤愤道："楚王召我兄弟前去，不是要放了我们的父亲，而是害怕我们逃生后留下祸患，所以拿父亲做人质要挟和引诱我们。我们应召，只有被一网打尽的命运，对于父亲的死有什么帮助呢？不如我们逃往他国，借力来为父亲报仇雪耻！"哥哥却说："我也知道此去凶多吉少，可是父亲召我我为了活命不去，如果此后不能雪耻，那我终究会成为天下的笑柄。弟弟你快走吧，你去报杀父之仇，我去送死！"哥哥旋即被擒，使者要抓捕伍子胥，他身穿甲胄，拉满弓执箭对着使者，使者不敢前进，伍子胥不卑不亢地厉声道："介胄之士，恕不为礼！请你回去告诉平王，如果认为我父亲无罪，就把他放了；如果认为他有罪，就依律处分！"说完便突出重围逃走了。楚平王接到使者回报，果然杀了伍子胥的父亲和哥哥。伍奢临死前连连叹息："我这孩儿是有仇必报的，楚国的老百姓要受苦了啊！"

当时太子建正在宋国避难，伍子胥先是投奔他以求依附，但太子建竟然不顾伍子胥的劝告与晋国私相授受，作了晋国在宋的内应，宋君知晓后便杀了太子建，伍子胥只能又带着太子建的儿子公子胜出奔吴国。到了吴楚的边界昭关（今安徽省含山县北），昭关地势险要，有重兵把守，且关吏已有严密的部署要将其擒获，既有严密的盘查，又张榜公布了他和公子胜的面容特征。伍子胥过昭关成了他逃亡过程中的第一个难关。明清时民间传说是如此记述他过关的经过的，说他当时住在昭关附近的熟人东皋公家里，他一夜辗转反侧，殚精竭虑，思索过关的计策。不知不觉间天已拂晓，东皋公敲开了伍子胥的房门，竟发现他须发斑白，俨然是一个年过半百的老翁了。东皋公顿时心生一计，他让自己的朋友皇甫讷假扮伍子胥，让伍子胥扮作老仆，公子胜扮作村童，就这样蒙混过了关。伍子胥过昭关不久，关吏便察觉了，从后面追赶他和公子胜，他二人便疾步奔逃，一路到了长江边。江上恰巧有一个渔父正从下游溯水而上。子胥大声地呼叫："渔父救我啊！"渔父正准备救他，一抬眼却发现旁边有人窥伺，于是渔父便大声地唱起了歌："太阳升起啊又落山，我和你相会在芦苇的岸边。"子胥于是就到芦苇丛里等待。此时渔父的歌声又响起了："太阳都落山了啊，月亮也将升起，你怎么还不快把船儿上，事情越来越急迫了啊，你到底打算怎样？"伍子胥赶忙带着公子胜钻出了芦苇，跳上了船，渔父知道他的心意，就将船儿向江的深处渡去。待船儿渡过了江，伍子胥解下他的佩剑，双手捧至渔父面前，诚挚地说："这是楚国先君赐给我的剑，上面有七颗宝石，价值百金，以此来报答您的救命之恩！"渔父叹了一口气，慢慢说道："我听说楚国已昭告天下，只要能抓到伍子胥，就赐粟五万石，封爵上大夫。我不去拿这样的奖赏，难道还贪图百金之剑？你赶紧走吧，不要被楚王抓住了！"子胥又说："请问您的姓字，我将来报答您！"渔父焦急地说道："你这人怎么这么迂腐！今天这么凶险，你是逃楚贼，我是纵楚贼，两贼相得，就不要声张了，何必要留下姓名？你就叫芦中人，我就叫渔丈人，苟富贵，莫相忘！"子胥只能拜谢离开，走了几步，又不放心地回过头来告诫："如果追兵来了，千万要保守秘密啊！"渔父答应了，旋即解开了缰绳，丢下了木桨，翻身跃入了江中，以自沉来示清白。子胥惊愕地说不出话来，见无法施救，心中又敬佩不已。

　　终于到了吴国的都城，伍子胥此时已窘迫不堪，披发佯狂，在街上行乞。官吏中有个会看相的，他见了伍子胥，见他形貌古怪，并非常人，便不敢怠慢，带他去见了吴王僚。吴王僚一见此人，其形貌十分可畏，他身高一丈（两米多），腰围十围（一米），眉距竟有一尺！吴王僚和伍子胥交谈，谈了三天，竟没有一句话是重复的！吴王僚便将其留在吴国。伍子胥知道吴王僚的堂兄弟公子光势力强大，自己如果要报仇必须要过公子光这一关，于是就转而依附他，还把自己熟识的死士专诸介绍给公子光。这专诸竟为公子光用藏在鱼腹内的鱼肠剑刺死了吴王僚，公子光于是就做了吴国的王，也就是吴王阖闾。阖闾有个女儿叫滕玉，从小娇生惯养，深受吴王宠爱，有一次家里蒸鱼，吴王将吃了一半的鱼拨给滕玉吃，滕玉因父王将剩菜拨给自己吃，认为是奇耻大辱，心中郁结，一时意气用事，竟自杀了。阖闾夫妇悲痛欲绝，便大肆操办她的丧事，陪葬的金银财宝倚叠如山。出殡那一天，送葬的队伍前有一只装有机枢的仿真白鹤，翩然起舞，引得万民前去观赏。这白鹤栩栩如生，舞姿曼妙，直引得观者目眩神迷，如痴如醉，竟随着这队伍进了墓室中。吴王见人群已悉数进入，竟下令启动机关将千斤重的墓门落下，一时间哭声动天，无数鲜活的生命都陪滕玉的尸身被幽闭在这地下王国里了。

《吴越春秋》中记载说正是因为阖闾如此残暴，当年越王送给吴王的三把宝剑中的一把——聚集了太阳精华、宇宙灵气的湛卢宝剑，从剑鞘中"倏——"的一声飞了出来，逆流而上，最终落在楚王的枕畔。此时楚平王已死，继位的正是他的儿子楚昭王。楚昭王睁眼见一宝剑，还以为有刺客来袭，登时吓出了一身冷汗，马上召来了相剑的名家风湖子，风湖子看后向楚王道明了这剑的来历，并向楚王恭贺道："宝剑是离开无道之君来依附有道之君的。"昭王大喜，便将其作为佩剑带在身边。吴国之宝落在了楚王手里的消息没多久就传到了吴王那儿，吴王震怒，派了孙武、伍子胥、白喜三人前去攻伐。几年后，竟攻破了楚国的国都郢都，伍子胥下令烧了楚国国库里的粮食，又毁坏了庙堂里的九龙大钟。不仅如此，伍子胥还掘了楚平王的墓，用鞭子抽了他的尸体三百下，左脚踩着尸体的腹部，右手把楚平王的眼睛挖了出来，嘴里还讥讽楚平王说："谁让你听信谗言，冤杀了我的父兄？"伍子胥在楚国有个故交叫申包胥，他当年从楚国逃走的时候，就曾经和申包胥发下毒誓："我一定会让楚国灭亡！"申包胥则瞋目怒斥道："我一定会竭力保存楚国！"申包胥此时出逃山中，他派人劝诫伍子胥："你这仇报得是不是太过分了！你过去是平王的臣子，今天你竟然侮辱他的尸体，君臣之道是为天道，你这实在是违背天道的极致了啊！"伍子胥悠悠地对来人说："替我谢谢申包胥，太阳快要落山啦，路途却很遥远，因此我只能倒行逆施，管不了许多了。"言下之意是说，复仇对于自己的生命，是必须完成的使命，生命如此之短暂，只能违背所谓"天命"了。可见，在君臣之义与血亲复仇间，伍子胥选择了他自己内心的正义。就好像孟子曾经对齐宣王说的话："君之视臣如手足，则臣视君如腹心；君之视臣如犬马，则臣视君如国人；君之视臣如土芥，则臣视君如寇雠。"

后来吴王阖闾的势力在伍子胥和孙武的谋划下，一天天地壮大起来，向西攻破了楚国，向北威胁到了齐国与晋国，向南几乎使越国屈服。但在一次对越的作战中，阖闾的大脚趾被敌人削去了，竟然就这样死去了。他的儿子夫差继位，为了记住这杀父之仇，命人站在他上朝的必经之路，每天当他经过时都喝问他："夫差，难道你忘了越王的杀父之仇了吗？"夫差立即回答说："是是是！我不敢忘！"过了三年，夫差果然在夫湫山将越王勾践的军队打败，勾践的残部逃到了会稽山，竟窘迫到了易子而食的地步。勾践没有办法，只能派了大夫文种前去和夫差求和。伍子胥激烈地劝止夫差，但文种却号叫啼哭得眼睛和嘴角都流出了鲜血，不断地倾诉着对吴王的忠心，吴王终于不顾伍子胥的劝阻答应了文种的请求。越王夫妇在吴国做了三年奴役，养马除草，甚至还尝了病中吴王的粪便来表示对吴国的忠心。已经彻底被麻痹的吴王不顾伍子胥的再三劝阻，将越王夫妇特赦回了越国。越王勾践甫一回国，便卧薪尝胆，夏天拥火，冬天抱冰来砥砺自己的志向，国内又有范蠡和文种两位贤臣辅佐。他们摸准了夫差好大喜功、贪恋美色的缺点，施展美人计，进献了西施、郑旦两位美女到吴国去。夫差一见，便心神荡漾，派人修建了春宵宫、馆娃阁，和美人在此作长夜之饮。

伍子胥一再向夫差指出越国才是心腹之患，应先伐越后伐齐，吴王却听了子贡的游说，他的近臣太宰伯嚭受了越王的贿赂，也尽力为越国说好话，赞成伐齐。伍子胥再三谏言，越王却一意孤行，派遣伍子胥出使齐国，伍子胥眼见吴国即将灭亡，自己恐怕也将与其一同覆灭，只能将自己的儿子托付给齐国的卿相鲍牧。这一举动便为太宰伯嚭的构陷落下了口实，吴王对他心生怀疑，终于还是赐剑命其自刎。伍子胥仰天叹道："伯嚭为乱，王竟然反过来诛杀我。我让你父亲称霸，也竭力帮助你在争嫡之战中胜出，你初立时说要将吴国的江山与我分享，我当然是不敢期望的，如今你竟然听信谗臣的话要杀辅佐你的老臣！"他又告诉他的舍人说："一定要在我的墓上种上梓树，用它来（为吴王）作棺材；把我的眼睛挖出来悬在吴门之上，来看越寇怎么使吴国覆灭！"吴王听后大怒，把他的尸体包在革囊中，浮在钱塘江中。民间传说钱塘江潮从此就成了定例，每年的农历八月中旬，潮水便奔涌而起，高达数百尺，那潮水的气势像雷神驾临，百里外就能听见。还有更奇特的景象，老百姓常常看见伍子胥气宇轩昂、威风凛凛地站在潮头上，随着波涛上下起伏，仿佛带领千军万马，这英灵的显现仿佛在说：这潮水就是他那滔滔不绝的愤怒之气。

司马迁评价伍子胥，说他"弃小义，雪大耻，名垂于后世"，志向刚坚，即便流落街头到乞讨的地步，也没有片刻忘记复仇，这种隐忍而成就功名的性情刚烈的男子汉，实在令人感佩。正因为司马迁也曾有"就极刑而无愠色"的反暴力的经历，所以才会对伍子胥这种为报血亲之仇而向天命观念和至高无上的君权发起挑战有深刻的体认，故而才在西汉三纲五常规范已经建立的前提下将伍子胥置于列传人物序列之中。

眉间尺：崇高的复仇

据《吴越春秋》记载，越王曾经献给吴王阖闾三把宝剑：一把名为鱼肠，因为它是一把可以藏在鱼腹中的极小的匕首，作为一把勇绝之剑被刺客专诸用来刺杀了吴王僚；一把名为磐郢，因阖闾把剩下的蒸鱼给女儿滕玉吃，滕玉羞愤自尽，心痛的吴王用它为女儿殉葬；一把名为湛卢，是当时著名的铸剑师欧冶子（传说与干将同一个师父）所铸，因为憎恶吴王阖闾无道，所以飞去了楚国。欧冶子和干将曾经一同合作铸造了三把宝剑：龙渊、泰阿和工布。龙渊后来因避唐朝开国皇帝李渊的讳，改名龙泉。晋时张华和雷焕见斗牛之间有剑气冲天，在豫章丰城地中挖出了两把宝剑，这两把宝剑都跃入延平津，化作了两条龙，就是著名的龙泉与泰阿。

阖闾对宝剑的占有欲很强，有这些名剑还不够，他又让名剑工干将再给他打造两把宝剑。也有种说法是楚王让干将铸剑，楚王妃在夏天的晚上纳凉，因为贪凉怀抱铁铸柱，结果生下了一块铁，楚王觉得这铁来历不寻常，于是就交给干将，命其铸两把宝剑。楚王同时交给他的，还有一种叫铁胆肾的乌黑晶亮蚕豆大的珍宝。这铁胆肾，是昆吾山的神兽体内所产生。据说这神兽像兔子那么大，专吃昆吾山土壤中产出的红砂石和铜铁，有一天竟有两只神兽钻进了吴国的武器库里，把吴王珍藏的利器吃了个精光。吴王下令掘地三尺也要找出偷光武器库的人，军士们才在洞穴中发现了这两只神兽，剖开它们的肚子，就得到了这几粒铁胆肾。这宝贝楚王花了很大力气才得来，也一并交给干将命其铸宝剑。

再说这干将铸剑，工序非常复杂，他先要采集五方名山、天地六合间的铁的精华，再等候天时地利、阴阳交会，各路神仙都降临之时，才开始烧炉铸剑。这一天，干将和他的妻子莫邪接到了任务，突然天气发生了剧烈变化，气温急速下降，本来熔化了的铁汁在炉中凝结了。干将过去从没有遇到这样的状况，正一筹莫展时，莫邪对他说："你以擅长铸剑被王上器重，交给你如此重要的任务，但是这剑你已经铸了三个月了，却依然没有铸成，你知道是什么原因吗？"干将摇摇头："我不知道是什么道理。"莫邪顿了顿说："神物的化生，需要用人的牺牲方能成功，如今你铸造这把神剑，恐怕也是需要人的牺牲的。"干将点了点头："你说得很对，以前我师父铸剑，生铁无论如何也不能销熔，他老人家和师母竟跳进了冶炼炉中，宝剑方才诞生。后世人去山里冶铸，都要披麻戴孝，以显示必死的决心。如今我铸宝剑不成，恐怕就是这个原因。"莫邪坚定地注视着干将："师父和师娘能献出自己的生命，我难道不能做出牺牲吗？"话音未落，她便毅然剪去自己的头发和指甲，代替自己的生命，投入炉中，熊熊烈窭时将其烧了个干净。干将趁火势拉起了风箱，火越烧越旺，宝剑终于铸造成功。在当时，莫邪这样的行为是非常需要勇气和牺牲精神的，因为人们相信头发和指甲是人的精气所化，如果随意剪去会缩短人的寿命。

两把秋水般明亮的宝剑横空出世，发出闪闪的寒光，雄剑就叫干将，雌剑叫莫邪。为避免剑工被他人所用，也为了使自己的宝剑天下无敌，当时剑工在铸剑完成后经常被剑主杀害。干将也害怕自己遭受这样的命运，便将雄剑藏匿起来。他回到家里，焦虑而又深情地注视着已经怀有身孕的莫邪，一字一句地叮嘱道："王上是个猜忌心很重的人，他一定会找机会杀掉我，我已经把雄剑藏起来了，如果将来你生下的是个女孩儿，那便罢了，如果是男孩儿，待他长大成人，你便让他念这个口诀：'出门去望望南山，松树生在石头上，宝剑就在树背上。'这样他就能找到雄剑为我报仇了！"说完干将便背起雌剑出了门，莫邪望着他的身影，一句话也说不出来，只能任眼泪默默流着。

在朝堂上，干将将雌剑献了上去，楚王举起剑朝着桌上一挥，金盘金碗顿时就断成了两半，楚王又命人牵上来一匹马，他对着马一削，马应声倒地。楚王啧啧称奇，可转念一想，这宝剑怎么只有一把呢，他便质问干将，干将淡定地说："王上赐的材料只够铸造一把宝剑。"楚王不信，便找了高人来相剑，高人说："剑分雌雄，现在干将献上的是雌剑，雄剑还没有献。"楚王勃然大怒，命人对干将严刑拷打，干将到死也没有说出雄剑的下落。干将死后，楚王又命人到干将家中去寻找，可莫邪早就离开了，去寻找的人也一无所获，楚王只能作罢。

再说莫邪，她逃到郊外的住处，生下了一个男孩儿，孩子的双眉相隔一尺，莫邪就给他起名叫尺比，即比于尺（将近一尺）的意思，旁人都叫他眉间尺。眉间尺因为没有父亲，经常被邻家的孩子嘲笑，他经常问母亲自己的父亲是谁，到底去哪儿了，莫邪每次都借口说父亲出了远门，没有回家。等到他长到十四五岁的时候，有一天，他又被朋友嘲笑了，他再也忍不了了，于是跑去逼问他的母亲："娘，我的父亲到底去哪儿了？你怎么就是不肯告诉我呢？难道我真的像他们说的，是个'野种'吗？"莫邪被逼无奈，心痛地说："你给我好好听着！你的父亲是著名的铸剑师干将，他专心为王上铸剑，三年方成，可王上猜忌心重，杀了你父亲！才剩下我们孤儿寡母！"眉间尺听闻此语，久久沉默，牙齿发出咯咯的声响，良久，才吐出一句话："果真如此，我便杀了那残暴的王，为我的爹爹报仇！"莫邪此时的心情十分矛盾，一方面希望儿子能为冤死的丈夫报仇，一方面又觉得此去何等凶险，担心儿子因此丢了性命。她长叹了一口气说："孩子啊！你现在还小，不如先练几年本领，过几年你长大了再报仇也不晚啊！"眉间尺注视着他母亲的眼睛："娘，我不知道便罢了，如今我已知晓我的杀父仇人是谁，这报仇之事便刻不容缓，儿子是必定就要前去的！请母亲保重！"说完便伏在地上对着莫邪磕了头，起身就往外走，很快又转过身来，泪水已经流了下来。莫邪知自己无法劝服儿子，更知此去凶险儿子性命堪忧，顿时红了眼圈，她一把拉住眉间尺的胳膊："我的孩子，你父亲留下这样一句话……"她伏在儿子耳畔把干将留下的口诀轻轻告诉儿子……眉间尺照着他父亲的口诀，向着南山的方向眺望，看见不远处一个石墩上有几根松木柱子，他劈开了木头，果然在里面找到了雄剑。

眉间尺辞别了母亲，背着行囊，向京城进发，他刚一进城，楚王就做了一个梦，梦见一个眉间有一尺长的少年，提着一柄宝剑，杀气腾腾地向自己冲过来。醒后大惊失色的楚王凭着残留的记忆画下了少年的画像，并命人立即张榜全城捉拿这个奇怪的少年。眉间尺走在京城的路上，见人们正在围观新出的榜文，他上前一看，上面正画着自己。他心里一惊，遮了面容，一口气跑出了城，逃进了深山里。眉间尺想起自己的身世，想起父仇未报，自己就已被通缉，恐怕是再难实现夙愿，这样年轻的一个少年，在如此压力之下，不禁悲从中来，他坐在山石上痛哭起来。

"坐着的是什么人啊？为何在此痛哭？"一个声音传来，眉间尺抬头一看，一个身量瘦长的黑衣男子立在自己面前。眉间尺到底是个无城府的少年，便将自己的身世一一说与黑衣人听。黑衣男子听罢，淡淡地说："如今这王上暴虐无道，人民深受其害，他也是我的仇人，是天下人的仇人，如今我有个主意，可以替天下人报仇。"眉间尺听得此话，转悲为喜，连声说："只要能报仇，我做什么都愿意！愿闻其详！"黑衣人说：

"好！奸王悬赏重金，购求你的头颅，如果你肯把头颅和宝剑都交给我，我就能杀了奸王，替你和天下人报仇！"眉间尺听了这话，心里直打鼓，他望着那黑衣男子深邃的眼眸，想到眼下也只有这一条路可行，为了报仇，他早已抱定必死的决心了。于是他取出宝剑，向自己的脖子上一挥，头颅一下子就掉了下来，眉间尺的躯体捧着头和剑，把它们郑重地交到黑衣人手上后便轰然倒下。黑衣人埋了眉间尺的尸身，背上宝剑，包起了眉间尺的头颅，就去见楚王。

　　楚王坐在那金碧辉煌的宝座之上，黑衣人展开了包裹头颅的布，眉间尺的头就静静地躺在中央，王伸长了脖子仔细地端详，那孩子死不瞑目，眉间距离果然和他梦中一模一样，灾祸已除，他大喜过望，忙吩咐卫兵将那人头扔掉。黑衣人伸臂一拦："这孩子是个精怪，这样还不足以杀死他，王上何不将他的头扔到锅里去煮，您亲眼看着他皮开肉绽，这样才能永绝后患！"楚王觉得他说得有理，便命人在堂上支起一口大锅，燃起熊熊大火，将那头颅扔进去，连炖了三天三夜。可这孩子的头在锅里上下翻腾，竟毫发未伤。有时甚至还从锅里跳出来，在地上旋转，对着楚王怒目圆睁。楚王心中大惑，便问那黑衣人如何是好，黑衣人对楚王拜了一拜说："这头邪祟未除，还需请大王您这样的天潢贵胄、真龙天子、纯阳之体到锅前压一压这邪气！"楚王听闻此语，当着满朝文武，只能硬着头皮上前。他刚一伸出脖子，说时迟那时快，黑衣举起宝剑一挥，楚王的头应声而下，也掉进了那锅里了。楚王的头一掉进去，眉间尺的头就跳了起来，死死地咬住楚王的耳朵。殿上乱作一团，卫兵们冲了上来，黑衣人嘴角露出神秘的微笑，对着自己的脖子也一挥，他的头也掉进锅中，和眉间尺一起撕咬起楚王的头颅来。就这样，三颗头颅在锅中大战，火焰滔天，热浪翻滚，直烧了七天七夜，最后三颗头颅都已经只剩森森白骨，大臣们分不清楚哪颗才是楚王的头颅，只能把这骨头和汤分成了三份，分别埋葬，是为"三王墓"。

孟姜女：感天动地的坚贞

传说秦始皇派遣卢敖到东海去寻找仙山，卢敖却带回了一卷仙书，上面写满了无法辨识的蝌蚪样的文字，满朝文武研究了半天，辨认出了五个字"亡秦者必胡"，秦始皇知晓后大吃一惊，心想这万里江山怎可断送在北方胡人手里，于是就下令修建防御胡人的万里长城，其实他不知道，这"胡"其实指的是秦二世"胡亥"。当时流传着这样的说法：万里长城每一里都要拿活人去填地基，牺牲一万条生命，长城才会永固。社会顿时动荡不安，百姓人心惶惶。正在此时，又有童谣传出："苏州有个万喜良，一人能抵万民亡。"官员们为了安抚百姓，下令捉拿苏州万喜良来填城。苏州还真有个名叫万喜良的文弱书生，他听闻这个消息，赶在差役到达之前就辞别父母，离开家乡，流亡四方。他逃到了松江府，听闻街面上差役正在围捕捉拿他，一时烟尘滚滚，情急之下，他就跳进了一所庄园，这庄园的主人正是孟姜女的养父孟员外。

这孟姜女的诞生，颇为神异。孟家人在自家院墙角栽了一棵冬瓜苗，这瓜藤顺着墙壁爬到了隔壁姜婆的屋顶上，结出了一个大冬瓜。两家为冬瓜的归属争了大半天，最终商定，用刀将冬瓜剖成两半，一家一半。这时，竟然从冬瓜中传出了小孩的哭声，两家人定睛一看，冬瓜里竟然有一个白白胖胖、眉清目秀的女孩。孟员外无儿无女，就收养了女孩，女孩取了两家的姓氏，就叫孟姜女。

这一天，孟姜女正在园子里扑蝴蝶，一不留神，失足掉进了水池里。正躲在树丛里的万喜良听见姑娘的呼救声，急忙上前抓住了孟姜女的手，费了好大力气，才把姑娘从水池里拖拽出来。孟员外夫妇此时也赶到了，他们被眼前的景象惊呆了：衣裳都湿透了的女儿，被一个陌生的少年紧紧拉着手，两人红着脸面对面坐在草地上。老员外问清了缘由，原来是少年救了女儿的命。老员外心想：《孟子》上也说过，男女授受不亲，是礼法；但是如果女子落水，男子施以援手，这是权变。如果我招赘了这个男子，不就能全了礼节了吗？于是他就征求这两个年轻人的意见，没想到他们俩在这一次奇遇中已一见钟情。很快，这一对璧人便在员外府举行了婚礼，结为夫妻。

哪知好景不长，他们结婚才三天，万喜良在孟员外家的消息就传了出去，官差们冲进了员外府，将万喜良五花大绑起来，要将他押解回都城。临别之时，万喜良心知此去凶多吉少，他望着泪眼婆娑的新婚妻子，忍着心中的痛楚说："还是请娘子另行选择婚配的对象，不要误了你的青春啊！"眼看着心爱的丈夫被抓走，孟姜女肝肠寸断，泪如雨下。转眼间大半年过去了，虽然多方打听，但是万喜良始终杳无音讯。那年冬天的一个晚上，孟姜女梦见丈夫从外面回来，喊着："冻死我了！冻死我了！"孟姜女一下子惊醒了，她收拾好丈夫的寒衣，不顾父母的劝阻，踏上了寻夫之路。

她走了万里长途，历经磨难，终于慢慢接近了长城的地界。这万里长城，就像一条巨龙，在群山之间蜿蜒起伏，孟姜女在修建长城的民夫中仔细地寻找着自己的丈夫，只见他们各个面如菜色、骨瘦如柴，却始

三　历史文化传说与原始动力

终没有看见那熟悉的面孔。终于她找到了工头，工头一听她是来找万喜良的，便摇了摇头说道："你是说那个苏州万喜良吗？本来他作为一个逃犯，应该马上被处死去填城的，但是捉到他的时候，已经死了不止一万个苦役了，一时也用不上他，于是就让他在这里服苦役。可他是个文弱书生啊，身子骨单薄，没多久他就生重病死了。"工头指了指长城，"他的尸骨就被填在这长城里了。"他话音刚落，孟姜女只觉得天旋地转，扑通一声就栽倒在地上，不省人事了。

过了好一会儿，孟姜女才在众人的救治之下醒过来。可一想到丈夫死了也不能入土为安，而是被封在这长城之中，他们二人怕是永生永世都不能再见面了。那些活着的苦役，他们怕是也难逃这样的命运，天底下又有多少个家庭要经受这样骨肉分离、妻离子散的悲惨命运？她越想越痛，不禁放声哭号起来，那眼泪就像泉水一样不断喷涌而出，她越哭越伤心，一时间竟哭得天地变色，日月无光，黄沙漫天，这哭声令听者闻之伤心，也不禁流下了热泪。就这样，孟姜女守在这长城边，不停地哭泣，也不知道她哭了多久，忽然听得"哗啦——"一声巨响，那长城竟崩塌了下来，一时激起了一阵烟雾，烟雾散尽后，那坍塌的墙内果然露出了无数白骨。孟姜女将自己的指头咬破，将血滴在这白骨上，她在心中暗暗祈祷："喜良啊，如果是你的尸骨，请让这血浸入骨头，如果不是你的尸骨，那血就流向四方。"于是她就一具具尸骨试过去，血大多往四方流去，直到某一刻，她发现血开始一直往一具尸骨的骨头里渗进去，孟姜女揉了揉眼睛，又试了几次，血依然浸入到骨头里，她心想这必定是万喜良的尸骨了！孟姜女先是一喜，旋即止不住又悲伤起来，她抱着丈夫的尸骨，又大哭了一场。

她边哭边小心地拾取丈夫的尸骨，包进包袱里，准备回乡安葬。突然，一阵喧哗，仪仗、侍卫、乐队簇拥着秦始皇的銮驾，停在了孟姜女面前。始皇仔细地端详着眼前这梨花带雨的俊俏女子，心中不免为她的美貌震动，得知长城被哭塌的恼怒已去了几分，他佯装厉声质问孟姜女："大胆民妇，可是你哭倒了长城，你可知罪？"孟姜女抬起脸，擦干脸上的泪痕，不卑不亢地注视着始皇的眼睛："为了修建这长城，多少骨肉至亲被迫分离，多少生命被封存在这万里长城之中，这样的罪孽难道还轻吗？"始皇见她不惧威权，风骨凛凛，能言善辩，心想："和这女子相比，后宫妃嫔简直是庸脂俗粉。"于是他微微一笑，说："好一个才貌出众的女子，这样吧，你跟寡人回去，做我的妃嫔，如何？"孟姜女见他露出贪婪的神色，心中厌恶，早已打定了主意要戏弄他一番再从容地去与死去的丈夫见面。她莞尔说："皇上，您只要答应我三件事情，我就和您回宫。"秦始皇顿时眉开眼笑："美人儿，你说，别说三件，就是三十件，我也答应你。""这第一件，我要您在鸭绿江上建一座像彩虹一样美丽壮观的桥；第二件事，您要给我丈夫修一座十里长十里宽的大墓；第三件事，我要您和满朝文武一起，披麻戴孝去拜祭我的丈夫。"这前两件事，对秦始皇来说并非难事，只是这第三件事，岂不是有损他帝王的颜面，始皇心中犹豫，但一想到这漂亮的小娘子，始皇顿时下定了决心："好！寡人答应你！"

造桥和修墓的工程不到三个月就完工了，这一天，始皇果真带着文武百官，披麻戴孝去祭拜万喜良，孟姜女也穿着孝服跪在一边，在这素衣的映衬下，愈发明艳动人，始皇的眼睛落在她身上，便再也难以移开，仪式一结束，始皇便迫不及待地脱去了孝服，对孟姜女说："美人儿，我们快回宫成亲吧！"孟姜女一言不发，一溜烟跑上了刚建好的彩虹桥，她站在桥上，指着始皇大声叫道："你这个昏君，衣冠禽兽，因为一己之私欲，害死了这么多无辜百姓，你以为我会背叛我的丈夫，委身于你？我告诉你，你不配！你以为修建了万里长城，就可以江山永固，我告诉你，这城墙里的冤魂不会放过你，他们在这世上的亲人的怨气也会集结起来，不费吹灰之力就可以夺走你的江山！秦朝很快就要亡了！"说罢，便纵身一跃，消失在这滔滔海水之中。

　　据说，这孟姜女并没有死，她被龙王接入了龙宫，始皇派人下海打捞孟姜女的尸体，被龙宫的虾兵蟹将掀起的狂风巨浪挡了回去，后来孟姜女飞升为仙，成了天上的神女。

四 侠义英雄的诞生

先秦诸子与侠客：神秘起源，众说纷纭

　　说起侠，几乎人人心中都有自己的侠偶像，因为在每个人成长的经历中，都或多或少接触过武侠小说。文学作品中的侠客形象以其独特的，令人羡慕的功夫和侠肝义胆的精神深深影响着一代又一代的中国人。我们太熟悉文学作品中的侠义英雄，但似乎对历史长河中曾经出现过的侠义英雄抱有怀疑或者说是迷茫。不妨走进中国千年历史，去探寻一番。

　　在中国千年文化中，儒道释三家思想深深影响着我们的民族心理及行为模式，也推动着民族的前行。在中国的正史文化中有着大量关于这三家思想是如何发挥影响的记载。然而，还有一种文化也是从始至终影响着我们，甚至可以说融入到每个人的骨血中。虽然，它见于正史的记载较少，虽然，它对庙堂文化影响未见其大，但是，这种文化却一直在庙堂与乡野间悄悄发挥着作用，它便是以侠客精神为核心的"侠客文化"。时至今日，我们依然能够在生活中看到，它或是存于某个平凡人身上，或是出现在生活的某个瞬间。

几乎每个人都能说出心中的侠客英雄，因为在史书中，在武侠小说中，在戏曲中有大量的侠义人物存在。然而，当真正去追溯侠客起源时，我们会发现有点尴尬，因为关于侠客的起源众说纷纭，每一种似乎都有那么一点道理。

侠客的诞生及源起就像一个谜，而那些曾经存在于历史中的侠客身上始终笼罩着一层神秘的色彩，散落在历史的长河中，偶见于文字记录中。人们对侠的认识更多集中在艺术形象的"侠"，正如有学者提出："我们对侠客形象、游侠行为、侠义精神等的理解和认识，大多是由文学的想象、正义的神话、英雄的崇拜等共同编织而成的。"但是，在中国历史上确实存在着光照千古的侠士，他们孕育在中国源远流长的文化中，演绎着中国人的梦想。

在中华大地上最早出现的"侠"来自哪里？有人认为侠起源于历史上诸子百家中某一流派，有人认为侠源自某一社会阶层，有人认为来自社会某种职业的人，有人认为侠起源于原始氏族的遗风——平等互助、好勇轻死、勇于捍卫氏族的利益。探源诸多说法，尝试揭开神秘面纱，并不下结论，读者自取。

遗存在文字中的"侠"

首先，我们要探讨"侠"这个字何时出现，它最早出现时是什么意思？在目前可见的商周时期的甲骨文和金文中，并没有发现"侠"字，而只看到"夹"字。在中国古代，最早为"侠"作字义解释的是东汉时期的许慎，在他的《说文解字》中有如下表述："侠，俜也。"清段玉裁的《说文解字注》中又有"俜，侠也。三辅谓轻财者为俜。"荀悦在《汉纪》中也曾有这样的表述："立气势，作威福，结私交，以立强于世者，谓之游侠。"根据这些信息，有学者大致推断"侠"为较晚出现的字，而且很有可能最早转音自陕西中部一带的俗语方言。段玉裁《说文解字注》引如淳言:"相与信为任,同是非为侠,所谓权行州里,力折公侯者也。或曰:任,气力也。侠,卑也。按侠之言夹也。夹者,持也。经传多假侠为夹,凡夹皆用侠。"由上述文字可知,依字义推断,段玉裁认为古代的"夹""挟""侠"三字原本相通,本有"挟持"之意。

那么,什么时候开始出现"侠"这一角色呢?目前,能够查到的最早对"侠"做出诠释的可能是墨子,《墨子·经上》有载:"任,士损己而益所为也。"在《墨子》的这段定义当中,我们大致可以推断"侠"突出的精神特质是"任"。那么,这种任是怎样的一种特质呢?按照《墨子》的说法,"任,为身之所恶,以成人之所急",翻译过来,大致是如下意思:做自己所厌恶的事,来解决他人的急难。这种行为有些时候甚至是"损己利人",在今天来看,可能是难以想象的。"任侠"这个概念后来被司马迁借鉴,作为对"侠"的定义。

中国最早提到"侠"的文献是《韩非子·五蠹》篇,其中有云:"其带剑者,聚徒属,立节操,以显其名,而犯五官之禁。"这句话中的"带剑者"按推断就是以武犯禁之"侠"。在这段表述中,我们可以读出韩非子对"侠"的不屑,甚至是反对,在态度上与墨子有较明显的不同。有人或许会问,在对"侠"的认识上怎么会出现这样的差异呢?究其原因,是这两位大家所持立场的不同。韩非子主张依法治国,这些游侠因其仗义任性,往往成为依法治国的障碍,所以,韩非子对"侠"这个群体自然是反对。在《韩非子》中对"游侠"的记录基本类似于上文汉末荀悦对游侠的描述。

揭开"侠"的面纱

从文字间流传的"侠"到文献中流传的"侠",我们会发现:尽管最早的侠不知是何人,尽管最早的侠不知出现在何地,但是,依附在神秘的"侠"身上，还是有不少共同之处。最为明显的共性：其一，他们拥有着一定的力，可能是权力，可能是财力，更多可能是武力，也就是我们常说的有所持；其二，他们"任"而为之，这种任可能是道之所在，虽千万人吾往矣；这种任可能是义之所当，虽千金散尽也不后悔；这种任也可能是情之所钟，视世俗礼法如粪土。在这两个共性中，估计是先有第一点，有所持才可能有所为。

在古代社会中要想有所持，他的身份应该是自由的，而且要有一技之长。因此，学术界有一种看法认为"侠"很可能是来自某一个阶层，比如说冯友兰先生认为侠起源于士。士在奴隶制时代宗法贵族等级系列中是最低下的一个阶层，他们有着自身的特殊之处：他们有自由的人生，通过不断地学习，通晓当时的"六艺"——礼、乐、射、御、书、数，故而，他们也就具有一般平民没有的特殊技艺；他们也有一些田产，因此，有机会脱离农耕，有时间和能力周游列国、自由流动。但是，伴随周天子天下共主地位的丧失，社会经济的剧烈变迁，他们丧失了爵位和田产，只剩下自由的身份，流散各地，谁雇佣他们就为谁服务。士阶层的人们虽然具有智、勇、辩、力之才，而终不免"降在皂隶"，他们中的那些长于射御攻战的人就很有可能成为游侠。顾炎武先生在《日知录》中曾说"春秋以后，游士日多""文者为儒，武者为侠"。

当时，社会中还出现了从奴隶阶级升上来的小地主、小工商业者以及民间的鸡鸣狗盗之徒，这些人共同的特点是有人身自由，社会地位不高，经济上不是很独立，有相当的依赖性。他们或是投靠富家贵族，或是依靠政府的赈贷，或是广交朋友以求互助解危，或是转而欺压更加弱小者。这个群体中分化出了各种侠，如司马迁《史记·游侠列传》记载的布衣之侠、卿相之侠、暴豪之徒，当然还有他感到遗憾的未曾留下记录的平民侠客。尽管，司马迁特意列出《刺客列传》，有别于《游侠列传》，然而刺客群体从某种程度上也是游侠的分支，后文将重谈，在此不赘述了。

但是，作为社会的不安定因素，侠一直是统治者警惕和管控的对象，从前面《韩非子》的叙述中我们也可以窥见一二。尽管太史公在《游侠列传》中称赞他们"救人于厄，振人不赡，仁者有乎；不既信，不倍言，义者有取焉"，尽管班固在编撰《汉书》时也保留了《游侠传》，但是汉代以后的正统史家们对游侠多持否定的态度，即便是班固也在文字间对侠的行为进行严厉的批判："郭解之伦，以匹夫之细，窃杀生之权，其罪已不容于诛矣。"我们发现从《后汉书》开始，中国后世的官修正史中再也没有替游侠这个群体专门立传，只是偶尔在只言片语中提及某人身上的侠精神，偶尔瞥见侠的影子。侠就这样从史学家的视野中淡出，隐匿于民间的潜流之中。

或许，正应了一句歌词，"不要问我从哪里来，我的故乡在远方"，我们无法从真正意义上考证侠的由来，反倒成就了侠的神秘，引得后人无数遐想……

侠与儒家

侠义英雄的群体现象是代代累积而形成的，或许我们不能非常明确地指出"侠从何处来"，但是可以在寻觅中发现"侠"存在和发展的身影，因为只要在世界上经历过的人或事物总会以自己的方式留存。

有人认为侠起源于儒家，理由是《论语》《中庸》中多以知、仁、勇并举，提倡勇的人格。同时，孔子将重义还是重利作为区分小人和君子的分界线，明确提出"君子喻于义，小人喻于利"的观点。孔子将"义"看作一个人在人世间立身的根本，行事处事的准则。孟子的"义"之主张也是非常鲜明的，尽管其中包含伦理道德的标准，但是也明显包括使命感、责任感，在生与义矛盾时会主动做出选择——"舍生而取义者也"。在这些原则上，儒家的主张与侠义观念是相通的。对侠者来说，其道德追求主要是"义"，其行为观念要体现"义"，行侠即仗义。在儒家子弟中，有些人已经具备了"侠"的特点。

比如说孔门弟子子路，依《论语》中相关记录，他性情粗朴，喜欢逞勇斗力，志气刚强，性格直爽。他第一次见孔子时就欲"凌暴孔子"，当然孔夫子更加高明，"设礼，稍诱子路"，最后以礼仪感化他，并使他对自己佩服。当孔悝作乱时，子路听到消息就立刻赶回，有人劝谏其不要返回，子路说"吃着人家的粮食就不能回避人家的灾难"，之后带着赴死之心劝谏孔悝远奸佞。可问题是孔悝不听从他的劝说。子路一见不能用劝谏解决问题，于是要放火烧台，最终被人攻灭。临死之前，子路说着"君子可以死，帽子不能掉下来"，系好帽子坦然赴死。

在这段记录中，我们分明看到了侠客的影子，我们似乎也能从儒家提倡的"义利之辨"中看到侠义的精神气质。当然，侠是否起源儒家，难以定论，但是，可以确定的是儒家的学说多少是对侠产生过影响的。

侠者墨子

持"侠起墨家之说"的人更多，比如说鲁迅先生、闻一多先生等人。其中很显豁的原因是墨家提出了"任侠"主张。《墨子·经上》曰："任，士损己而益所为也。"墨子进一步阐述任侠精神的实践方式："任，为身之所恶，以成人之所急。"从简短的语句中，我们看到任侠的实质就是义无反顾地成全别人。墨子对"义"非常看重，强调"万事莫贵于义"。墨子所说的"义"是正义，大义。那么，什么是正义和大义呢？墨子认为，兴天下之大利，除天下之大害，才是真正的大义。很明显，墨子提倡的"义"是利他的，是面向天下的。这样的认识在那个时代是难能可贵的，更了不起的还在于墨子将其用之于实践，产生了理论的践行群体——墨家。墨家在性质上是一个非官方的学派组织，它并不附属任何一个诸侯国，它把扶弱以抗强作为墨家的处世原则。在先秦诸子百家中，墨家始终坚定地站在弱者一边，同情弱者，这样的行为有侠义精神的雏形，无怪乎有些研究者认为墨子是侠者之祖。这位被认为侠者之祖的墨子究竟是怎样一位人物？

墨翟，春秋战国之际的宋国人，后长期住在鲁国，在孔子之后，孟子之前。据说，墨子早年曾经接受过儒家教育，因不满于儒家的繁冗礼乐，转身自创墨家学派。他也长期致力于私人办学，弟子大多来自下层庶民。墨子的学说在当时能够成为"显学"之一，在于他高举"兼爱、非攻"的主张，符合社会底层人民渴望和平的期待，更重要的是墨子用自己的行动为墨家的主张做了最好的诠释。

最有名的故事是墨子成功粉碎公输盘和楚惠王攻打宋国的阴谋。当年，公输盘帮楚国造云梯准备攻打宋国。墨子知道这件事情后，做了精密的安排：一方面，他让弟子带着他研制出的防御武器在宋城备战；另一方面，他日夜不停行千里，经历十日之苦，废了几双鞋子，赶到楚国阻止其攻宋。当墨子与公输盘辩论到白热化阶段时，当天下正理无法胜过野心的时候，墨子与公输盘进行了一场惊心动魄的攻防斗法。公输盘九攻，墨子九拒，攻已尽，而墨子守有余。于是乎，恼羞成怒的公输欲杀墨子，以绝后患。可是，墨子置生死于不顾，坦然说："你杀了我也没有用，我的弟子已经带着守城器械和三百弟子到宋国去准备防范你的攻势了。"楚王只能无奈地说："吾请无攻宋矣。"当时楚是大国，宋是小国，墨子以一己之力，直言说楚，不但胆识过人，而且还表现了他为了大义而不顾个人生死的英雄气概。后来，墨子又多次说服齐国不要攻打鲁国，说服楚国停止攻打卫国。这样的英雄故事在墨子身上多次发生。

惊天地泣鬼神的墨侠们

墨子的"兼相爱，交相利""有力者疾以助人""必先万民之身，后为其身""杀己以存天下"等主张以及"口言之，身必行之"的作风都深深影响着墨家子弟，他们以实际行动实践着墨子的主张，正所谓"重实践舍命行道，利天下侠气纵横"。墨子有一个学生，叫胡非子，设课收徒，经常批评无原则的打斗。楚国的屈将子是个好勇的人，听说胡非子其人其事后，就带剑把他劫持了，说："听说你非斗，而我则好勇。你给我说说，说得有理，我就放了你，说得不好，你就得死。"胡非子就跟他说："勇有五等，你喜欢哪种？"胡非子一一列出了五种勇，前四种是匹夫之勇，最后一种是君子之勇。胡非子借他人故事来教育对方："齐国想吞并鲁国，把它作为齐国的南部地区。鲁庄公急得三天都吃不下饭，这个时候有个叫曹沫的人，想办法在军中把齐桓公劫持了，说：'请您退师，不然的话，就请您允许我切断您的脖子放血。'齐桓公吓得不知所措，只好答应了。曹沫不是什么大人物，可他不怒则已，一怒就击退强国之师，救了一个国家。这样的勇，才称得上是君子的大智大勇，才是最高贵的勇。你好的是这种勇吗？"听完这番话，屈将子大受震动，主动解下佩剑，脱掉高帽，请求胡非子收他为徒。

当然，墨子崇尚任侠，但并不崇尚个人英雄主义。因为他清楚地知道，兴天下之大利，除天下之大害，不可能仅仅通过一两个人的力量实现。只有通过团体和团体内强烈的信仰，培养能人义士，游说天下诸侯，才有可能逐步实现政治主张。因此，我们会看到墨侠们往往是群体出现，形成群体效应。墨家学派的领袖称为"巨子"，所有墨者都要服从巨子的指挥，类似于后世的江湖武林至尊。

在《吕氏春秋》里记录过一个悲壮的故事：墨子之后，有个叫孟胜的墨家弟子，是墨家巨子（墨家领袖）。他有个好朋友阳城君，是楚国人。阳城君请孟胜帮着守城。当时楚国国力衰落，楚悼王任命吴起为令尹（相当于相）进行变法，打击旧贵族的势力。悼王死后，楚国内乱，阳城君也参与了此事，因此被迫出逃。当时，新楚王要收回阳城，而由于之前阳城君毁璜为符，与孟胜两人各持一半，并有约定：等到这璜两半合在一起，孟胜才可以从城中走开。于是孟胜死守城池，仅仅是为了履行约定，在安排好新巨子后，孟胜从容战死于城头，用生命殉朋友之义。同时赴死的还有墨家子弟一百八十三人，仅为一句诺言。

从现在留存的史料来看，墨家与侠客的关系似乎更加接近，因此支持这种说法的人也很多。然而，侠这个群体的形成不应该完全归于某家之说，很有可能是吸收百家之说，实践于日常自我的行动中。

侠客的矛盾基因：抵牾深处，
情理至极

死为知己

提起侠和侠义精神，人们马上会想到"士为知己者死"的话语，原本这句话语背后的故事就是一个与侠有关的故事。在《吕氏春秋》《战国策》《史记》中都有过记载，故事的主人公是豫让，春秋战国"四大刺侠"之一。据说此人，生卒年不详，只知道是晋国人。晋国原本是大国，但是到了春秋末期，晋国君无能，国家被六大家族集团控制，这六大家族就是赵氏、韩氏、魏氏、范氏、中行氏和智氏。这六大家族在晋国为了争夺主宰权进行殊死搏斗。首先，智氏联合韩、赵、魏三家灭了范氏和中行氏，国家政权被智、赵、魏、韩四大家族所控制。因为智家最为强大，所以族长智伯直接掌控晋国朝政。豫让是智伯的门客，最初他是范氏、中行氏的门客，但并未受到重用。后来，他效命于智伯门下，得智伯的赏识及重用。但是，没过多久，赵氏又联合韩、魏两家灭了智氏，瓜分智伯的土地，也就是常说的"三家分晋"。赵氏族长赵襄子非常痛恨智伯，用智伯的头盖骨作为饮器，以发泄胸中的怒火。豫让逃到山里听说此事后，立下誓言：“志士为了解自己的人而牺牲，女子为喜欢自己的人而打扮，所以我一定要替智伯复仇。”

豫让隐姓埋名，化装成服劳役的犯人，伺机潜伏进王宫。有一天，赵襄子如厕时，发现一个人面露凶色，就下令提来审问，才知道是豫让化装行刺。赵襄子左右的卫士拿下豫让，要杀他，可是赵襄子却制止说：“这是一位义士，我只要小心躲开他就行了。智伯死后没留下子孙，他的臣子中有肯来为他报仇的，他一定是贤人义士。”

赵襄子把豫让释放了，但是豫让不甘心。他将含毒素的漆抹在身上，剃光胡须和眉毛，吞食火炭，彻底毁容。然后，他假扮乞丐乞讨，连他妻子都不认识他。他的朋友对他说：“你这种办法很难成功。凭你的才干，如果竭尽忠诚去侍奉赵襄子，那他必然重视并信赖你，待你得到他的信赖以后，你再实现你的复仇计划，那你一定能成功。何苦用这样自残的方法？”豫让听了回答道：“投靠人家，做了人家的臣子，却要图谋他的性命，这不是怀着二心服侍君主？我如果这样行事，将会败坏天下人臣之义，这和贼寇的行为还有什么区别呢？我今天残身报主就是希望使得那些对君主怀二心的人，看了我的行为而感到惭愧。”

不久，豫让知道赵襄子要外出巡视，埋伏在赵襄子所必经的桥下。赵襄子骑马走在桥边时，马忽然嘶鸣，赵襄子说：“这一定又是豫让。”经派人搜捕之后，果然是豫让。赵襄子责备豫让说：“你不是曾经也侍奉过范氏、中行氏吗？智伯灭了范氏、中行氏，你不但不替范氏、中行氏报仇，反而成了智伯的家臣。为什么他死后，你要如此坚决替他报仇呢？”豫让回答说：“当我侍奉范氏、中行氏时，他们只把我当作普通的人看待，所以我也就用普通人的态度报答他们；而智伯把我当作国中杰出人物看待，所以我也就用国士的态度报答智伯，替他报仇。”

赵襄子被豫让舍身报恩的精神感动，感慨万分：“唉！豫让啊，你为智伯报仇，已经使你成为忠臣义士。而我也已经宽恕过你一次，也算是仁至义尽。如今，何去何从，生死由你选择！"豫让又对赵襄子说："我听说贤明的君主不埋没别人的优点，忠诚的臣子有为义而死的责任。君王以前宽恕过我一次，天下无人不赞扬您的贤明。今天我死而无憾，只求将你的衣服给我一件，让我刺几剑，以了却我报仇的心愿，我即使死了也没有遗憾了。不知君王能否成全我的愿望？"赵襄子为了成全豫让的志节，立刻脱下袍子交给豫让。豫让接过后拔出佩剑，刺下几剑，仰天长叹："我总算为智伯报仇了！"话落便自杀了。

前赴后继为"知己而死"

豫让的故事中，其实还有一个为"知己而死"的人物，在《史记》中并未记载，知晓的人不是太多。据《吕氏春秋》记载，当豫让准备行刺，躲在桥下的时候，赵襄子的马不愿前进。面对怪异现象，赵襄子派卫士青荓去查看，结果发现是老朋友豫让。此时此刻，豫让呵斥青荓道："快走开，老子正在准备办大事。"青荓说："我们从年轻开始就一直是好朋友，现在你要做你认为的大事情，倘若我告诉赵襄子，那就失去朋友之义；可是，如果我不告发你，作为卫士，我又失掉了君臣之义，两难之间，我只能一死了之。"青荓退而自杀。《吕氏春秋》这样评价："青荓非乐死也，重失人臣之节，恶废交友之道也。青荓、豫让可谓之友也。"青荓并非乐意去死，他看重的是人臣之节操，憎恶的是抛弃朋友之义。这也正是孟子所谓的"生亦我所欲也，义亦我所欲也；二者不可得兼，舍生而取义者也"。既然在知己与人臣之间无法选择，索性实践"为知己而死"。

《史记》在记载豫让行刺事件之外，还记载了其他四起著名事件：曹沫劫桓公、专诸刺王僚、聂政刺侠累、荆轲刺秦王。如果分析它们之间相似之处，就是都具有"士为知己者死"的信念。在几个故事中最悲壮的当属聂政刺侠累。聂政因为杀人避祸，携母亲和姐姐到齐国。韩国大夫严仲子与国相侠累结仇，也外出躲避并随时寻觅勇士刺杀侠累。听到民间流传聂政勇猛的故事后，多次登门拜访，并亲自为聂母敬酒，然后又赠送黄金百镒为聂母祝寿。聂政虽然知道严仲子有事相求，但是最终回绝说："之所以隐居于此，只是希望奉养母亲，只要母亲在世，就不会用性命来承诺别人的嘱托。"后来，聂政母亲去世了，他感慨于严仲子对自己的信任与欣赏，觉得是时候回报他。于是，聂政来见严仲子，同意为其效力。聂政对严仲子的承诺完全是一种自我要求，而他为了实现自己对严仲子的承诺，更是不顾个人安危，直冲相府，刺杀侠累。当相府的卫士从四面涌来，围住聂政时，他没有丝毫的退缩，在击杀数十人之后，自知难以逃脱，便以自杀终结生命。而且，聂政害怕他人认出自己，会连累姐姐，他竟然自己剥掉面皮，挖出眼睛，挑出肚肠而死。

聂政为了信诺，为了"知己"，可以交付自己的生命，以一种极为悲壮的方式为生命画上句号，实在是让人感慨万千，究竟是怎样的力量推动他的选择？或许，今天我们只能在这些文字间寻得一些踪迹："嗟乎！政乃市井之人，鼓刀以屠；而严仲子乃诸侯之卿相也，不远千里，枉车骑而交臣。臣之所以待之，至浅鲜矣，未有大功可以称者，而严仲子奉百金为亲寿，我虽不受，然是者徒深知政也。夫贤者以感忿睚眦之意而亲信穷僻之人，而政独安得嘿然而已乎！且前日要政，政徒以老母；老母今以天年终，政将为知己者用。"

死为知己与迷失自我

或许，对于这样的行为，现代人很难理解，因一句"为知己"竟然可以舍弃生命。不仅现代人，有些古人也认为豫让的行为不值得称颂，认为这样的行为并不是真正意义上的"为知己"，它仅仅是"迷失自我"，甚至是为了捞取盛名。比如，明代大儒方孝孺就专门写过《豫让论》，阐发自己对这一行为的反对。他认为：豫让以家臣的身份侍奉智伯，当赵襄子杀智伯，豫让为他报仇，声名显赫，即使愚昧的男子和无知的妇女，都知道他是忠臣义士。但是，当智伯暴虐之时，身为国士的豫让并没有像郗疵那样去劝阻，提醒智伯。待到智伯死了，他才不惜自降身价，潜行在刺客行列，用极端的方法去报仇，这种行为不可称道。

了解这些刺客故事后，可能会产生这样的疑问：无论是报恩还是报仇，他们好像都是在为他人而活，为他人而死，这样是否会失去自我呢？确实，这样的人生选择在一定程度上显示出了侠客的无奈，"客"本身就不是"主人"，当选择这种生存方式的时候，为他人而活变成了一种宿命。但是，如果仅仅这样理解又太简单化了，因为为他人而生，为他人而死，这也是那个时代证明自我价值的一种主要方式。不仅侠客，其实每个人都有可能遇到这样的人生境遇，故而在理解人物的时候，多些感同身受或许会更好些。

同时，看待历史的时候，不能忽略当时的历史，不可用当下的视角去审视过往。还原到那个时代，豫让、青荓等人并非不重视生命，而是更看重生命的价值，如果这一价值消失，那么生命的意义也就消失了。而对于这些刺侠来讲，"义"就是生命价值之所在。我们也不能用后世人的标准来要求豫让，不能用文天祥的要求来苛求刺侠，他只是一个依武生活的人。纵观春秋战国时的侠，尤其是刺侠似乎大都有"为知己者死"的特点，为了知遇之恩义，往往在所不惜，甚至给人强烈的"迷失自我"的感觉。但是，深究下去，我们会发现春秋战国时期的侠客不仅为"知己"而死，同样也是为"自我"而死，这就是他们行为的意义之所在。

既能够实践对知己的承诺，又能达到自己心中"义"的最高境界，实现自我的价值，这可能是古代侠客的理想。从人之本性出发，以个人内心确定的价值来衡量行为，这可能也正是后世的侠客所缺乏，或者说被书写者隐去的那一面。

赴公义与报私恩

先秦两汉的"赴公义者"

尽管侠这个群体来源不同，但是，从其出现之日起，赴公义与报私恩一直是相伴生的，只是在不同的时期，不同人物身上有轻重之别。从侠起源于墨家一说中，我们会发现，春秋到战国时期，以墨家门生为主的侠客中，赴公义表现得较为突出，比如说墨子千里之行与公输盘论战保护宋国。又比如，墨子的"兼爱"思想提倡"必使饥者得食，寒者得衣，劳者得息，乱者得治"。也就是说，救人急难不区别对待，不是看是否对自己有用，也不是看他将来是否回报，而仅仅是因为他需要救济。这样的行为就连当时作为儒家代言人的孟子都颇有感慨。尽管他对墨家没什么好感，但他承认"墨子兼爱，摩顶放踵，利天下为之"。墨家确实有这样一种大爱，只要所做之事有利于天下，就算遍体鳞伤，也要去做。又如今天有一成语，叫"席不暇暖"，出自班固的"孔席不暖，墨突不黔"。这里的"墨突不黔"说的就是墨子为天下大事终日劳苦奔波，连烧炉灶将烟囱熏黑的工夫都没有。

春秋时期的晋国也曾经发生过一件"赴公义而亡"的事情。当时，晋灵公残暴，从不关心政事，每日与一群善于奉承的奸臣寻欢取乐。主政大臣赵盾当众人之面直谏，毫不留情地指责灵公的荒唐与残暴。灵公虽然不得已承认了错误，但是在心中已有杀意。他派鉏麑去刺杀赵盾，然而鉏麑看到赵盾在家依然行臣子之礼，恭敬待君主和国家，感慨赵盾是百姓的福音，国家的中流砥柱。如果杀害百姓的靠山是不忠；背弃国君的命令是失信。于是，鉏麑一头撞死在槐树上。或许对于他来说，只有这样选择，才既能够护国之公义又不失信于王。

较之于先秦时期的刺客，汉时游侠中有不少是"赴公义"，或者说是施恩以仁。《史记·游侠列传》中记录的布衣闾巷之侠就有如此特点。汉初，与高祖同时期的朱家，生于鲁地。朱家在儒教之地，独凭侠义闻名。据史料记载，朱家藏匿而救活的豪杰有几百个，被救的普通人更加多了，朱家却从来不夸耀自己的义举。救济他人之时，没有任何附加条件，仅仅是救济别人困难，从贫贱的开始。他一心救援他人的危难，甚至超过自己。朱家自己没有剩余的钱财，每顿饭只吃一个菜，乘坐牛车。救济之后也不愿意接受任何回报，他曾经暗中使季布摆脱被杀的厄运，等到季布地位显赫之后，却终生不肯与季布相见。

有"西汉第一侠"称号的郭解也是那个时代比较独特的人。虽然，他少时心存恶意，稍有不如意就杀人，但是，成年以后的他收敛自己，谦虚节俭，以德报怨，成为当时行侠仗义的典范。他的外甥仗着郭解的威势，强迫他人饮过量的酒，争执之间，那人很生气，拔刀杀了他的外甥，并且逃走了。郭解的姐姐知道这件事后非常恼怒，放出话来："我的兄弟以侠义而闻名，现在有人杀了我的儿子，居然就这样让他逃跑了！"他姐在路上停尸，坚决不下葬，想用这件事来羞辱郭解。郭解查到凶手下落的同时，凶手也来自首并且告知事情的起因。郭解明辨是非，很快处理了这件事情，放走了凶手。郭解的公平正义之举感染很多人，归附他的人越来越多。

　　新朝王莽时期的原涉也是一位著名的游侠。他生于名门望族，却没有沉溺在舒适的生活中，从小就爱管闲事，怜悯孤弱之人。在其父亲去世之时，原涉拒绝郡府的巨额丧葬费用，单身扶柩，归葬父亲，为父守孝三年。之后，原涉以廉洁仁孝在长安城扬名。他在担任谷口县令时，获得了"不言而治"的美誉。辞官后，原涉四处游历，广交天下英雄豪杰，他总是能够慷慨解囊，在必要的时候拔刀相助，遇到他人危难时，能力所及，从未敢辞。

侠之大者，为国为民

　　在唐传奇中，我们强烈感受到豪侠之士"赴公义"的侠精神——"侠之大者，为国为民"的风范。《虬髯客传》里的虬髯客寻见明主，退而举贤，甚至仗义疏财，将大量财宝赠予贤者，帮助明主匡扶天下。《红线》中的女侠红线女辞别薛嵩时，说："今两地保其城池，万人全其性命。使乱臣知惧，列士谋安，在某一妇人，功亦不小。"虬髯客的退而举贤，成就太平盛世；红线身处乱世，凭借自己高超的武艺来避免无辜的牺牲，让百姓安居。两位侠者的身上体现的正是为国为民的精神。

　　《清稗类钞·义侠类》记载了这样的故事：清朝道光年间，大学士穆彰阿把持朝政，主张对英求和，包庇鸦片走私以便中饱私囊。某日深夜，一个相貌奇丑的和尚突然闯入穆彰阿的卧室。他拿出明晃晃的短刀，把堂堂的穆彰阿大人吓得魂不附体。穆彰阿跪地求饶，和尚大笑道："我还当你是个奸雄，原来如此贪生怕死。如果杀了你，反倒是玷污了我的刀！"笑完后，和尚扬长而去。此事过后，穆彰阿恼羞成怒，他怀疑和尚很有可能是当时的主战派官员派来的。于是，他也用刺杀之计，出重金收买一名刺客，派去暗杀主战派首领林则徐。一天晚上，林则徐发现窗外横卧一个丑和尚，执而不动。大约二十多天后，窗外传来凄厉叫声，没过多久又寂静如初。林则徐急忙差仆人去窗边看看，发现那个丑和尚正在掘坑埋尸首，台阶周边到处都是血迹。林家的仆人大呼："和尚杀人了！"丑和尚笑着说道："和尚不杀人，和尚杀杀人者！"林则徐盛邀他入室一坐，想用酒食款待他。和尚说："我持酒戒。"林则徐问他何以不持杀戒，和尚回答："能杀人，方能活人。"保护林则徐在这个侠者心中，正等同于为国为民。后来，林则徐被罢免官职，那丑和尚也忽然不知去向了。

晚清时也曾经出现过"为国为民"的侠者，他们的故事在民间也是非常流行的，"大刀王五"就是其中有名的一位侠者。甲午战争失败后，当时的御史安维峻上书反对议和，结果被革职发配边疆。感佩于安维峻为国为民的义举，大刀王五一路护送安御史，直至其平安抵达边疆。在此之后，大刀王五又主动做了谭嗣同的保镖。戊戌变法失败后，谭嗣同被捕，王五守信重诺，密谋救他，但都被谭嗣同拒绝。谭嗣同被杀后，王五多次进行暗杀活动，但是都未能成功。1900 年，大刀王五参与义和团运动，最终被八国联军枪杀。

用生命祭奠恩义

"赴公义"或者说"心怀天下"，这样的特点也就渐渐沉淀于侠客身上，形成了我们对侠义英雄的普遍看法。在侠客演进的历史中，虽说"赴公义"与"报私恩"从表面看似乎有矛盾之处，但是它们并不对立，恰恰从不同层面诠释了侠的多面性与复杂性。"报私恩"大多是从人之本性出发，理由或许仅仅是一句"你懂我"，行动也很简单，没有过多的"天下大义"，然而我们会发现"报私恩"也依然感人动人。

令豫让为之复仇的智伯是什么人呢？看历史事实，智伯也并非什么明主，缺乏仁厚之心。他掌权后，不断地欺压韩赵魏三家。而反观赵襄子，虽然说不上是完美的贤主，但是从他义释豫让，后又成全豫让的忠心，足以看出他的仁厚大度，很符合当时贵族之侠的风范。从他一手开创战国七雄之一的赵国来看，赵襄子可以算作有雄才大略的明主。那么豫让行刺的意义何在？对于行刺之事，豫让的想法非常简单："嗟乎！士为知己者死，女为悦己者容。今智伯知我，我必为报仇而死，以报智伯，则吾魂魄不愧矣。"

豫让不是思想家，他只是武士，所谓的为了国家、民族、正义等大义凛然的说辞他可能从没有想过，只是因为智伯对自己有知遇之恩，他就决定用生命回报。这种行为是人本真情感的自然迸发，少了几许功利，多了几分慷慨悲壮。豫让死后，"赵国志士闻之，皆为涕泣"。韩愈曾说"燕赵古称多慷慨悲歌之士"，豫让正是这种慷慨悲壮的侠士代表。曹沫在诸侯会盟的时候劫持对方国家首脑，这明摆着就是必死的任务。幸亏当时齐桓公正想着雄霸天下，为了展示他的王者风度，他放过了刺杀者，否则结果会非常惨烈。关于刺杀的结局，不知曹沫是否考虑过，但是，从他的英勇行为看，那一刻他的心中或许只是想着以死来报答庄公信任。这就是那个时期侠义之士的率真与忠义。

专诸刺王僚的故事又是如何发生的？故事中的公子光同样是以"国士"之礼来对待专诸，这样的待人方式意味着什么？春秋时代，等级森严，身为贵族最高等级的王子，能够礼贤下士地对待布衣草民，这对于布衣而言是莫大的荣耀。故而，专诸以死报之，想法很纯粹，没有功利的企图。不知道是巧合，还是有意为之，司马迁笔下这几位刺客的行为都与所谓的"正义"没有紧密关系，而几乎都因为生命的原始冲力，好像他们的一生就在等待这个死亡的瞬间。这一瞬间既是生命中最灿烂的时刻，又是生命终结的时刻，豫让、专诸、聂政、荆轲等人都是如此。

神话、传说、侠义的理想人

除去那些明确记录在《刺客列传》和《游侠列传》中的侠者，那些散见于《史记》的宏大历史背后的小人物中也有"侠者"。在他们的身上同样也上演着用生命祭奠恩义的故事。侯嬴是战国时期魏国人，年已七十，还做着看守小吏，虽满腹韬略，却始终以隐者自居。他被世人熟知是因为信陵君的故事。信陵君听说侯嬴的声名，便慕名拜访他，将尊位让给侯嬴，甚至亲自为侯嬴驾车。大约是因为精诚所至，信陵君最终赢得了侯嬴的认可和俯首。侯嬴感怀于信陵君知遇之恩，向信陵君举荐了大隐隐于市的朱亥。公元前257年，秦军攻打赵国，包围邯郸，赵国危急，向魏国求救。魏王派大将晋鄙率十万大军去救赵国，但是在行军途中被秦国围困，停滞不前。危难时刻，信陵君想带兵相救，侯嬴力阻其飞蛾扑火的行为，并献计"窃符救赵"。事成之日，他自杀谢罪于魏国主。侯嬴或许是时代中的一个小人物，但是，他一身才华却不自矜，对于赏识自己之人不惜以性命相酬，能为人所不敢为，这哪里是小人物？这分明是隐没于民间的大侠者。

言必信，行必果

司马迁在《游侠列传》中评价侠士说："布衣之徒，设取予然诺，千里诵义，为死不顾世，此亦有所长，非苟而已也。"又说："要以功见言信，侠客之义又曷可少哉！"这两句话提到的"侠客之义"的基本内涵都是"守信重诺"，也就是司马迁概括的"其言必信，其行必果，已诺必诚"，这是侠最根本的人生观。"守信"的传统，不仅成为侠义精神的核心要素，而且也随着侠义精神的传播得到了老百姓的认可，成为中国传统伦理价值观念中最为推崇的美德之一。

前面说过的墨家学派巨子孟胜将为诺言赴死时，他的学生徐弱劝阻他，但是孟胜认为无论从朋友之诺，还是学派之诺考虑，都应该以死来守诺。徐弱为守从师之诺，在孟胜之前刎颈而死。孟胜为保墨家的传承，派两个人把巨子之位传给田襄子，之后他便死去。一百八十位墨家学生跟随巨子慷慨赴死。那两个送信的人把孟胜的信令传达给田襄子后，也返回楚国追随孟胜而死。一百八十三位墨者用自己的生命阐释了什么是"重诺守信"，什么叫作"言必信，行必果，使言行之合，犹合符节也，无言而不行也"。这可能也正是后世不少人认为墨家是侠者源头的原因——在他们身上"守信重诺"的任侠之风突出。墨家这种用生命来阐释诚信的做法，为墨家赢得了战国时期的大发展。孟胜之后，墨家非但没有衰微，而且空前壮大，这就是"言必行，行必果"的力量。

信守重诺

春秋战国时期的"四大刺侠"，无论是行刺赵襄子的豫让，还是刺杀吴王僚的专诸，还是易水悲歌的荆轲，仁孝侠义的聂政，他们悲壮故事的背后都凝聚着"信守重诺"的精神。易水寒的悲歌传唱千年，无数人为之动容，但是你是否知道在悲歌背后还曾经有一个让人感怀的故事，一个为守信诺而战的故事呢？荆轲和燕太子在易水送别之前有一次争执，荆轲为了等远道而来的帮手稍微有些延缓，燕太子怀疑荆轲有畏惧之意，故而催促其早点出发。荆轲感到人格受辱，怒叱太子，两人之间发生了一场很短但有深味的争执，"仆所以留者，待吾客与俱。今太子迟之，请辞决矣！"原来，那天的易水送别背后更多的是不快，是怒气。燕太子不是送别，是督人赴死；荆轲，不是为国赴死，是为己为诺而战，毕竟尚未出发，已有两人舍命。田光只因为太子丹嘱咐了一句"愿先生勿泄"，便自杀以守密。樊於期也只因荆轲说了一句"愿得将军之首"便立即献出头颅。面对如此重诺守义之人，荆轲必定会以性命践行承诺，而燕太子的不信任更让他坚定了赴死的决心，这场行刺既是对秦王的宣战，也是对燕太子的宣战。

侠客的守信重诺并不一定要说出口，不一定有明文约定，有时候只是朋友一言，听者心里暗许，然后去履行。《后汉书·朱晖传》中记载：东汉年间，朱晖的同县张堪在当地一向有名气，曾经在太学见过朱晖，很器重他，把他当作朋友对待，曾握着朱晖的手臂说："我想把妻子儿女托付给朱先生。"朱晖认为张堪是先达，只是拱手没有敢答应。从那以后，两个人再也没有见过面。后听闻张堪去世，他的妻子儿女生活贫困，朱晖前往探视，送去丰厚的钱款帮助他们。朱晖的小儿子觉得奇怪就问："父亲您和张堪不是朋友，平时没有什么往来，我私下觉得奇怪。"朱晖说："张堪曾经和我说过知己的话，我把这些话铭记在心上了。"朱晖将信用作为内心第一准则，在内心遵从信用，尽管当时对于张堪的嘱托没有口头的承诺，但是自觉地履行。从那以后，"情同朱张"一词一直被人们视为朋友间真情执着、讲究信用的代称。

守信重诺的对象有时候或许只是个陌生人，但是也依然履行，原因很简单，守信重诺是为了自我的问心无愧。唐代宗大历年间，万年尉侯彝好侠尚义，他曾经藏匿了重犯。被抓审讯，他始终不肯说出要犯藏匿之地。御史说："贼在你右膝盖下。"侯彝便揭起台阶上的砖，击打膝盖，指给御史看并说："贼在哪里？"御史又说："在左膝盖下。"他又击打左膝。当装满炭火的钱鏊被放在他的肚子上时，左右在场的人都看不下去了。可是，侯彝依旧不屈服，怒喊道："为什么不再加些炭？"唐代宗召见问询侯彝，他诚恳地向皇帝承认罪过，但是禀明皇帝由于有承诺在先，死也不能食言。最终，侯彝被贬官。

侠者的信守重诺很多时候并不是轰轰烈烈的壮举，可能只是生活日常中的一行一事。季布在历史上算是"一诺千金"的名人，据《史记》记载，季布在楚国很有名，原因在于"为气任侠"。楚国老百姓有一句民谣说："得黄金百斤，不如得季布一诺。"由于种种原因，我们今天或许看不到季布信守重诺的故事，无法直观感受侠者血气，但是，单从这民谣中就可见侠者季布守信重诺的影响力。朋友冒着灭九族的危险来保护被通缉的季布，也可窥见当时人们对守信重诺的看重。

重义轻利

唐人李德裕对游侠作过如下界定："夫侠者，盖非常人也。虽以诺许人，必以节义为本。义非侠不立，侠非义不成。难兼之矣。""义"是衡量一个侠客最主要的标准，也是侠客最重要的精神和道德准则，是侠的灵魂。

在中国思想史上，孔子是最早探讨义利问题的人。他的重义轻利思想是后来儒家"贵义贱利"思想的滥觞。孟子提出的"何必曰利，亦有仁义而已矣"、西汉董仲舒提出的"正其谊不谋其利，明其道不计其功"都是从孔子重义轻利思想而来。

但是，侠义精神中的"重义轻利"并不等同于儒家的重义轻利。侠者崇尚的"义"是多样的，或是国家大义，或是私人恩义。在侠客精神中，两者没有轻重之分，有时国家大义胜于私人恩义，有时候私人恩义胜于国家大义。因此，我们常常看到，侠者实践的这个"义"有时可能是"正义"和"天下公义"，有时候可能是"义气"——肝胆相照谓之义，为朋友两肋插刀，虽九死亦无悔，有时甚至明知是错的、不符合社会规范的事也要努力为之。曹沫、专诸、要离、豫让、聂政、荆轲……这些侠者都如是。

吴国人要离为了"公义"——国人安居乐业，行刺天下第一勇士庆忌。他为了接近并取得庆忌的信任，竟然断臂亡妻。庆忌也是名盖一世的英雄勇士，听闻要离的故事也惊诧不已："天下竟有如此勇士敢于这样刺我？那就成全他吧。"面对这样的庆忌，要离在回国途中，渡至江陵时，忽然悲痛不已，不肯前行，说道："杀吾妻子以事其君，非仁也；为新君而杀故君之子，非义也。"认为自己没面目再见天下之士。回到吴国，吴王阖闾将封赏要离，要离不愿受："我刺杀庆忌，不是为了做官，而是为了吴国安宁和百姓安居乐业。"最终，要离在殿上自杀。

很多时候，侠者之举是为天下义，也不求回报。西汉的大侠朱家在"佯装不知"的情况下，帮助季布躲避通缉。成功救助后，竟然宣布"终生不见"季布。或许，正因为这种济人之危又不图报答的品质，朱家扬名天下，"自关以东，莫不延颈愿交焉"，后世的侠客也纷纷以朱家为榜样。

季布还曾经遇到"重义轻利"，有着侠者精神的人家。当时，季布被刘邦重金悬赏，城里四处搜查，他终日东躲西藏，惴惴不安。一日，躲进了周姓的人家。这家主人认出季布，但是心里佩服其是条好汉，决定帮季布。他让季布剃发，穿上破旧的衣服，带上铁链子，扮作被卖到外地的奴隶。逃过搜查之劫，季布被卖到朱家后，稍微过得安稳了些。

情义侠义皆文章

《聂隐娘》中聂隐娘的侠者行为是为了"私人恩义"。唐末藩镇割据之时，魏帅派聂隐娘刺杀刘昌裔时，刘昌裔掐算到聂隐娘的到来，吩咐手下人善待之，面对聂隐娘的刺杀，刘昌裔从容应对："各亲其人，人之常情。"聂隐娘被刘昌裔的神算、遇事冷静折服，一脸杀气而来的聂隐娘最终却是"愿舍彼而就此，服公神明也"。聂隐娘为报知遇之恩，她与精精儿、空空儿斗智斗勇，直到解决刘昌裔的危机，保其安全后才离开。刘昌裔死后，聂隐娘骑驴到刘昌裔的灵堂前，痛悼大哭而去。在消失多年后，还赶来给刘昌裔的儿子报信，让其避祸害，只是可惜未被采纳。为了知遇之恩，聂隐娘可谓记挂了一辈子。

这"义"有时候是一种情义。聂政刺杀韩相侠累后，毁容自杀，无人知其姓名。聂政姐聂荣不顾"连坐"的危险，敢于前去认尸。来往的行人大惊失色，对聂荣说："这个人杀了丞相，国君悬赏千金求问他的名字，人人都知道这件事。你怎么还敢来认尸，不怕被诛杀吗？"聂荣回答说："我知道。聂政降志屈身，甘愿做屠夫，是因为老母亲还健在，我未出嫁。老母亲去世，我也已经出嫁，聂政才答应替严仲子报仇。如今为了顾全我的生命，聂政自残身体，尸体在大街上示众，不能落葬。我怎么能因为害怕杀身之祸，而埋没我弟弟的大名呢！"聂荣大叫三声，悲伤地死在弟弟身边。为情义赴死，为情义毁容的聂政是侠客，他的姐姐聂荣又何尝不是侠呢？

侠者实践的这个"义"有时候是一种危难时刻不变节、不趋炎附势的侠义。田横及五百壮士赴死的故事就是典型。田横是齐王田氏的后裔，继田儋之后为齐王。当时天下大乱，陈胜、吴广起义抗秦，四方豪杰纷纷响应，田横及其部众也是抗秦力量之一。汉高祖消灭群雄，统一天下后，田横同手下五百人仍困守在孤岛上。汉高祖视田横为眼中钉，下诏令：如果田横来投降，便可封王或侯；如果不来，便派兵去把岛上的人全部消灭掉。田横为了保全岛上五百人的性命不得已前往京城。但是，在离京城三十里的地方，田横自刎，留下遗嘱，让同行之人拿他的头去见汉高祖，表示自己不受投降的屈辱，但希望保全岛上五百人的生命。汉高祖被他的悲壮之举打动，按照王的礼来安葬他，并封那两位部下做都尉。但是，两位部下在埋葬田横后，自杀在田横墓穴中。汉高祖派人去岛上打算招降五百壮士，但田横的部下听到田横已经自刎，便蹈海赴死。司马迁感慨地写道："田横之高节，宾客慕义而从横死，岂非至贤！"

当然，在侠演进的过程中，尤其是在历代侠义小说中，我们发现侠者有时所看重并实践的"义"很有可能是纯粹的"替天行道"。《三侠五义》中有如下表述："行侠作义的人，到处随遇而安，非是他务必要拔树搜根，只因见了不平之事，他便放不下，仿佛与自己的事一般，因此才不愧那个'侠'字。"替天行道的侠者往往是来去匆匆，举手间奸恶除强，不留姓名，就像《三侠五义》中北侠欧阳春说过的："凡你我侠义做事，不要声张，总要机密，能够隐讳，宁可不露本来面目，只要剪恶除强、扶危济困就是了。"路见不平一声吼，替天行道的侠义精神在明清之际表现得尤为明显，在侠义小说中有不少精彩的故事。在《水浒传》中，梁山泊的英雄是把"替天行道"作为自己行为的纲领和准则，围绕着"替天行道"，梁山英雄劫富济贫、除暴安良、惩恶扬善。

不管对"义"有多少种理解，有多少种存在的可能，但是最后的结果都是在"义利"的天平上偏向"义"。在侠者风范中，重义轻利是最突出的，也是最让后人佩服和缅怀的精神特质。

慷慨好施

慷慨好施作为侠客风范，往往是与重义轻利联系在一起的。但是，春秋战国时的游侠由于大多是经济地位不高的人，因此这个时期慷慨好施的侠风不是特别突出。慷慨好施的风范更多地表现在卿相之侠身上，比如说"战国四公子"中孟尝君就是比较突出的一位。孟尝君每次招待宾客的时候，总是在屏风后面安排侍史，让他记录自己与宾客的谈话内容及宾客的住处。宾客刚离开，孟尝君就派人去他住处问候并献上礼物。大家口口相传——孟尝君宁肯舍弃家业也要给宾客很高的待遇，不久，孟尝君的慷慨好施传遍天下，不少贤士倾心向往并投靠到他的门下。慷慨好施，为孟尝君招来天下各种人才，也才有了鸡鸣狗盗之徒在秦国解救他的故事。

秦汉交替之际，天下大乱，正是侠客的黄金时代。一时之间，侠风盛行，好义尚侠之风从民间市井到贵族士大夫比比皆是。这期间出现了不少慷慨好施之侠。前面提及的鲁国朱家，他所藏匿和救活的豪杰众多，他始终不夸耀。虽然自身也没有多少钱，但是，他总是倾其所有，救助他人。有汉一代，因为尚侠之风盛行，所以豪侠们慷慨好施之事也自然是多见的。但是，同时这个时期豪侠们的好施与民间游侠独立人格逐渐丧失基本是同步的。

从《汉书》开始，我们几乎很难在正史中见到专门写"侠"的章节，我们的视线中"侠"作为群体似乎已经消失，但是我们依然可以从一些列传中窥见那个时代的侠义精神。《后汉书·赵温传》中记载成都地区的侠义之士赵温，在灾荒之年，把家里的粮食无私分发给饥民，使得一万多人得以在灾荒中存活下来。唐大历年间被列入凌烟阁的郭元振，虽是仕途中人，但是从文字记载中可以看出他身上的侠义。据《新唐书》记载，郭元振少时就非常豪爽，从不吝惜钱财。一次，他家里送来四十万贯钱，正好遇上有一个身穿丧服的人在门口磕头请求：家里长辈已经五世未葬，希望能够借钱来安葬家人。郭元振竟然二话不说，把所有的钱全部给那个人，没有丝毫吝啬，还没有留下对方的名氏，周围的人对这一举动瞠目结舌。郭元振参加科举考试，成绩优异，举进士，不久便出任通泉尉。但是，他在任期间的行为也是异于常人，让人大吃一惊。他"任侠使气，拨去小节"，经常做一些不法勾当，甚至买卖人口及私铸钱，所获收益用来赠送给宾客。最终被送至京城处罚，有趣的是武则天问询后，发现他有才华，任用之。后来，郭元振为名将戍边，治理边疆与众不同，不是靠战争而是靠经营和诚信，便让当地百姓心服口服，据说是以个人之诚信和魅力。

大家熟悉的李白也是一位侠者。年轻时行侠仗义，到处打抱不平，据传曾亲手杀过人。"十步杀一人，千里不留行。事了拂衣去，深藏身与名。"或许就暗写他的经历。李白二十五岁"仗剑去国，辞亲远游"，很有可能是因为在当地杀了人，要避避风声，同时借此机会"横行"天下，以实现自己成为大侠或者将军的梦想。

在那段如梦如醉的岁月，李白生活豪纵，又慷慨好施，频频接济落魄公子，据他自称，到扬州不足一年，就"散金三十馀万"。具有如此这般"散尽千金"的豪爽之气的人在唐朝还有不少，比如陈子昂的父亲陈元敬。据史料记载，陈元敬"瑰伟倜傥。年二十，以豪侠闻。属乡人阻饥，一朝散万钟之粟而不求报。于是远近归之，若龟鱼之赴渊也"。在后世的小说中，慷慨好施的侠义精神得到了很好的传承。《水浒传》中侠义人物"替天行道"的突出表现便是仗义疏财，济人贫困，周人之急。

忠勇刚烈

"患名之不立，不患年之不长。"中国的侠客是把荣誉和气节看得比生命更重要的群体。《韩非子·五蠹》中曾指出侠者特征便是"聚徒属，立节操，以显其名"。司马迁称侠者"修行砥名，声施于天下"，对其"名不虚立，士不虚附"表达了自己由衷的赞赏。重名节表现在行为上主要是忠勇刚烈，不畏生死。

出于对个体尊严的捍卫，侠客普遍有忠勇刚烈的表现。《晏子春秋》中的"二桃杀三士"中三位侠士公孙接、田开疆、古冶子为了证明自己的有功有勇，不惜以死一搏。魏国大梁屠夫朱亥本是普通一人，因为被侯嬴推荐，做了信陵君食客。得人赏识，必当尽己之力，这是做人的本分。秦围邯郸时，朱亥从袖子中取出四十斤的铁锤锤死了魏将晋鄙，使得信陵君能够率军救赵。后来，朱亥出使秦国，秦王觉得他是难得的人才，想留下他为己所用。然而，朱亥一口拒绝秦王要求，结果，他被秦王关进老虎笼。朱亥血眼怒瞪老虎，硬生生把老虎吓趴下。眼见自己可能无法回国，朱亥捍卫个人尊严，只求一死，用头撞柱子自杀，竟然把柱子撞断了，最后用手扼自己的喉咙，喉断而死。朱亥从那时起，便成为忠勇刚烈豪侠的代名词。

侠客们也常常用生命来捍卫和祭奠友情，表现得异常忠勇刚烈。战国末期，刺客之侠荆轲原本是燕国勇士田光的好朋友。燕太子丹结识并礼遇田光后，两人比较交心。燕太子丹告知田光自己想效仿曹沫劫持齐

神话、传说、侠义的理想人

桓公，遏制秦国对燕国的入侵。田光说："我听说骐骥盛年日可奔驰千里，待到它衰老时，劣等马也能跑到它的前边。如今太子只听说我盛壮之年情景，却不知道我精力已经衰竭了。我不能冒昧地谋划国事，我的好朋友荆卿可以完成这个使命。"在田光的引荐下，荆轲与太子丹见面。虽然，大家都清楚行刺的最终结局无疑是死亡，但是，荆轲为了朋友之托还是干脆地答应了，而田光为了让燕太子丹安心，以自杀的方式结束生命。

侠者在面对国家大义时，往往会选择"捐躯赴国难，视死忽如归"，这样的忠勇刚烈也常常受到世人和史家的赞誉。战国时，信陵君魏无忌在国家根本利益受到威胁时，奋起抗秦围魏救赵，司马迁赞赏他的侠义之举，所以孟尝君、平原君、春申君立传时，都是用封邑，只有在写信陵君时尊以国系，称其魏公子，并且在传末写魏亡。司马迁是否想用这样的独特写法，来暗示一人忠勇关系一国存亡，不得而知。

在王朝易代时，诸如此类的侠者较多。宋靖康年间的李彦仙、孙益等民间侠者，宋末那些追随文天祥抗元的侠士，以及前面提到过的侠者王大刀，他们的身上都有"捐躯赴国难，视死忽如归"的忠勇，有些人可能未能进入史书，得到史家赞赏，但是他们的形象生动地活在民间故事中。

五 永恒的侠义、各异的英雄

先秦古侠：众侠并起，游侠盛行

中国侠客诞生于春秋战国更替之际，这个时期众侠并起是个很独特的现象，而在这个现象背后我们看到了什么呢？一方面，由于周王室衰微，当时社会的礼制崩溃，为侠客的形成提供了肥沃的土壤。另一方面，数百年的权力之争，模糊了森严的等级界限，崛起的政治力量为了壮大自己，迫切需要人才。这样一种双向选择让侠客有了更多的自由，有利于独立人格的形成，也有利于侠者逐渐形成自身的价值理论和行为规则。

在《史记·游侠列传》中，司马迁曾这样讲述古侠们：古布衣之侠，靡得而闻已。卿相之侠如"战国四公子"，有闾巷之侠，修行砥名，然不载。有匹夫之侠，湮灭不见。在司马迁的笔下，我们大约能够看到春秋以来，来自不同阶层的众侠并起。其中所说的"布衣之侠""匹夫之侠"指一般平民为侠者。他们虽不同于生活在低层的贫穷百姓，不用为生计犯愁，但也不同于锦衣玉食的王公贵族，他们的生活是不稳定的，往往是不习农本，不治产业，不以敛聚财富为意。有时可以立获千金，顷致富豪，但不过多久，便会被他们随手散尽。

神话、传说、侠义的理想人

104

史料中关于匹夫、布衣之侠的记载不多见了，偶有只言片语记录，比如《韩非子·五蠹》有云："儒以文乱法，侠以武犯禁，而人主皆礼之，此所以乱也。"在韩非子眼中，侠这一群体以武犯禁，对国家的稳定构成极大的威胁。知名者少，估计大多可能也就是随从于卿相之侠。在刘安笔下曾记录过这样一个无名侠者：楚国的北部地区有一个凭武艺行侠的人，喜欢行侠义之事。他的家人多次劝他停止行侠，可是这位侠者不听从家人的建议。由于县里出现了贼，官吏夜晚大举搜查，查到他家时，他曾经做过的违法事被发现并且有证据。这个人夜晚惊觉就逃跑了，后面官吏猛追，眼看要追上了。他原来行侠给予过好处的人都为他抵抗，他才得以脱身。后来，他得意地对家人说："你们总是劝止我行侠，这次有难，全是依赖行侠，才免于一死。"这个故事的本意是想讥讽此人知免于难的原因却不知道怎么样才能没有难，而我们却从中可以看到当政者对"侠以武犯禁"的讨厌和制裁。

当然，太史公认可的"侠"不是这些"以武犯禁"的人物，而是如春秋时的延陵季子、战国时的四公子那般，他们的共同点在于"招天下贤者，显名诸侯"。换句话说他们是因为有一帮追随者且力量强大而彰显于社会的。

百家争鸣时期，思想上有更大的活动空间，侠者可以自由地发挥自己的想法和创造力。侠客凭借自己的能力造就别样的江湖局面，侠不仅仅是少数人的行为，更成为社会默认的一种被推崇的精神，侠客得到普遍尊重和信任。

有争议的侠

在先秦众侠中有一个特别凸显的群体，就是刺客，当然不少学者不赞同将其列入侠。但是，在这个群体中有着明显的侠义精神和侠的基因。

《史记》中有《刺客列传》给这个群体做传。以武侠面目出现的刺客，有着高超的本领，有着重恩义轻生死的品质。侠客的举动经常可以改变局部政治力量的对比，先秦侠者既是凭借勇力和信心，去报答知己的勇士，也是政治斗争的工具。"专诸刺王僚，彗星袭月"，专诸以一腔豪气，以鱼肠锋芒，替一代霸主吴王阖闾称霸之路扫清障碍。聂政杀侠累，不仅是一个刺杀复仇的过程，更是侠者用生命去实践侠的精神。"父母在，不许友以死"，在他的身上显现的是为人子女的责任；母故而从信诺，于众人中杀韩相侠累，体现出的是他为侠者的诚信；为了保护自己的姐姐和严仲子，不惜"因自皮面决眼，自屠出肠，遂以死"，看出的是侠之忠烈，为弟之责。在有关先秦的文献资料中，刺客的故事还是比较多的。刺客之所以被列为侠，除上述感于恩义，忠于所托，不惜为之牺牲外，还因为他们中大部分能明大义，不只是为了金钱而盲目信从雇主的指派，充当低级杀手。

汉魏豪侠：尚武崇侠，豪侠崛起

从立功业走向作威福

西汉初年的尚武崇侠之风兴盛与汉高祖刘邦好武轻文有密切的关系。刘邦一直轻视文人，经常称他们是无用的"竖儒"，很看重会打仗、能习武的侠者。当初穷困潦倒的韩信投奔刘邦时，只因其熟谙兵法，有带兵布阵之才而深得刘邦之心。刘邦郑重其事地斋戒七日，拜韩信为统帅三军的大将军。汉朝建立后，由于皇帝的好武轻文，朝中出现"公卿皆武力功臣"。在尚武崇侠风气的影响下，不少人佩剑执刀，以任侠为业。

西汉立国之初，国内各种势力不平衡，先是刘邦发起的铲除异姓王的战争，继而又出现了同姓王的"七国之乱"；西汉边关的烽火战事也一直未停歇。这些都为游侠之风的滋生蔓延提供了各种机会，以至于游侠人数剧增，甚至一些地痞无赖、豪强恶霸甚至鸡鸣狗盗之徒也以游侠自居。这些人在地方上巧取豪夺，欺男霸女，鱼肉乡民，完全失去了汉初游侠

"赈穷周急"、行侠仗义的初衷，成为社会一大公害，史学家班固指责他们是"盗跖而居民间者耳"。

一方面，汉朝游侠之风兴盛，另一方面这个群体的构成及其坚守的原则也发生了变化。因为，较之于春秋战国时，汉朝基本上走的还是稳定发展之路。在稳固的社会秩序中，侠者很难有真正意义上自由的生存发展空间，加上被封建统治者视为"不轨于正义"之徒，所以，其中一部分侠者更多地为功利而任侠。他们开始"结党连群"，与公侯权贵相交，成为盘踞一方、势力强大的豪侠。有的豪侠为谋取更多私利结成帮派，依仗着手中的财势对乡人凌辱欺压，横行霸道。

汉代酷吏宁成做官的时候，因为皇权要求，所以他对豪强权贵猛烈打击，但是丢官逃走的宁成为利益，与豪强勾结，充分利用为官的经验成功对抗皇权统治。在民间数年通过借贷租赁千余顷陂田，转手用更高的价格租赁给无地的贫民，数千家农户加入他的农庄。在当地，宁成"为任侠，持吏长短"，任侠行事，掌握了地方官吏的不法罪证，以此要挟当地官员。每次出行都要数十骑士相随，他在南阳的权威超越当地郡守。《汉书·何并传》中写到阳翟之地"轻侠"赵季、李款，豢养众多宾客，依仗权势鱼肉乡里，甚至欺侮良家妇女，掌握官员的把柄，在乡里横行霸道，这两位是典型的"豪暴之侠"。

司马迁对这类豪侠是十分排斥的，甚至将这些豪暴之侠排除在侠的范围之外，"如朋党宗强比周，设财役贫，豪暴侵凌孤弱，恣欲自决，游侠亦丑之"，认为他们是真正的侠所不齿的败类。太史公敏锐地发现了汉时侠的变化，但是这种变化和趋势却是无法改变的。有的豪侠可能也做一些侠义之事，但总的来说，豪侠整体比较放纵徒众，欺凌弱小。东汉史学家荀悦认为此时的侠："立气势，作威福，结私交，以立强于世者，谓之游侠。"此时的侠已与战国时期的侠和汉初的侠相去甚远。而东汉之后，在官修史书中也不再单独替侠者立传了。

从任侠走向权力巅峰

从汉末到三国这段时期，社会动荡不已，此时出现了不少风云人物。一个很有趣的现象是在他们的身上大都有一段少年任侠而后功成名就的经历。比如，董卓以健侠知名，袁绍以豪侠得众，刘备"好交结豪侠，年少争附之"，徐庶"少好任侠击剑"，孙权"好侠养士"，甘宁"少有气力，好游侠"。这些风云人物身上的任侠之气，或许正是他们能够吸引天下贤士的原因，也是贤才集于麾下，为其效力的一个重要前提。

有些时候，我们往往只看到了风云人物作为历史英雄的一面，忽略了其作为人杰的那面。袁术当时"以侠气闻"，在他的身上有着鲜明的侠客特征。虽然出身贵胄，但是，他很接地气，经常仗义疏财，帮助亟需救助的人。当时，民间称呼袁绍是"路中捍鬼袁长水"，大意说的是袁术非常厉害，即便路上遇到鬼，请到袁术就能除掉。这样的称呼中既有对他的尊重，也有对他"行侠仗义"的肯定，类似于"路见不平，拔刀相助"，能够救人于危难之中，是人们心目中的大侠。

但是，这个时期侠身上"立气势，作威福"的特点在那些风云人物的身上也是明显的。《曹瞒传》中写到曹操时，有这样一句"少好飞鹰走狗，游荡无度"。看来这位天下枭雄早年不务正业，游手好闲，痞气有余，常给人添乱。在《世说新语·假谲》记述了这样一个故事：曹操年少时，与袁绍好为游侠。观别人的婚礼，竟然想去劫新娘。于是，潜入主人的家中，到了晚上故意大叫："有小偷来了。"那家的人都跑出来，看发生什么事情。曹操趁机拔出刀劫走了新娘，和袁绍从原路返回了。两人迷路了，摔到荆棘丛中。袁绍摔得不能动，曹操又大叫："小偷在这里。"袁绍吓得拼命从荆棘跳出逃跑，两人才都免于追杀。曹操与袁绍好为游侠，但从记载来看，更多的可能是习染了当时游侠身上的劣性。

总体说来，汉魏时期的侠者与权力、利益的结合更紧密，而侠者"独

五 永恒的侠义、各异的英雄

立性"明显式微。我们或许只能在一些杰出政治军事人物的身上看到"侠"的影子，或者说他们身上有着侠的某种精神气质，但是我们已经很难说这些人物是侠。中国真正意义上的侠客群体正是这样消逝在历史的大潮中。

盛唐文侠：武侠式微，文侠出现

　　汉魏时期的侠客群体因为社会环境及自身因素处于逐渐消亡阶段，在社会政治生活，在历史记载中鲜见。这个时期侠客的身影开始出现在诗歌中，比较有名的当属曹植的《白马篇》："白马饰金羁，连翩西北驰。借问谁家子？幽并游侠儿。少小去乡邑，扬声沙漠垂。宿昔秉良弓，楛矢何参差。控弦破左的，右发摧月支。仰手接飞猱，俯身散马蹄。矫捷过猴猿，勇剽若豹螭。边城多警急，虏骑数迁移。羽檄从北来，厉马登高堤。长驱蹈匈奴，左顾凌鲜卑。弃身锋刃端，性命安可怀？父母且不顾，何言子与妻？名编壮士籍，不得中顾私。捐躯赴国难，视死忽如归。"诗歌中那位边塞游侠的形象栩栩如生，武艺高超，渴望卫国立功，甚至不惜牺牲生命，捐躯赴国难，何等骁勇，何等壮烈！

诗国又见任侠之风

　　诗歌世界里的游侠，不再拘泥于国都政事，不再偏执于乡里除暴，他

五　永恒的侠义、各异的英雄

111

们突破空间的局限，走向广袤的边塞，走向尘土飞扬的战场，由此，他们也拓展了侠客生命的空间——从一己恩仇到从军报国，建功立业。这个时期诗歌中的游侠尽管大多数是写者文学创造出来的，但是，我们是否可以大胆猜测当时的侠可能真的发生了很大变化？无论是虚构的艺术创造，还是基于现实的艺术加工，诗歌中的侠者境界较以往都有提升，且丰富多元。不仅诗歌中有侠者的身影，而且写诗者多少有侠者的经历或者气质，似乎曾经的任侠之风又回来了。虽然，正史中依然没有专门对侠客的记载，虽说无法史学考证，然而，我们却可以从诗歌、文章、传奇中发现唐朝时期的侠义之风，在文字中触摸到那个时代的侠者温暖。

一个集权的时代为什么会重新弥漫尚武任侠的风气？其原因大概有二：其一，大唐初盛时期国力强盛，商贸经济和城市文化空前发展，人们发自内心的自信和自豪。在这样的社会氛围里，很容易产生崇拜英雄的风气。游侠的"言必信，行必果""轻生死，重然诺"以及仗义疏财，扶危济困，自由的观念与唐朝文人对个性解放的看重，对建功立业的看重非常契合。"宁为百夫长，胜作一书生"一语足以说明当时人们是多么渴望在建功立业中实现人生价值和人生理想。游侠也成为当时人们竞相模仿的对象，游侠风气如星火燎原一般，影响社会的各个阶层，弥漫在大唐的各个角落。其二，大唐晚期，社会正处混乱时期，人们更加崇尚武力。人们希望那些行侠仗义、重义轻财、闯荡江湖的侠者可以恢复社会的公正和天下太平，这样的一种期待为游侠之风提供了适宜的社会环境。这个时期的藩镇割据政治局面也为侠的兴起提供了机会。各大割据势力的掌权者为了保存自我，实现自己的政治野心，他们大量蓄养侠士刺客，以便行刺对手。

唐朝时期的侠义之风与以前的侠义之风又有何不同？春秋战国时期主要是游侠者仗剑行公义或者散财重义，而初盛唐时期则出现了大规模的文人行侠。文人们追求的是侠的狂放气质，追求不同凡俗的游侠气概，说得直白些，更注重的是"侠客范儿"。在唐朝文人日常行为及作品中可以强烈感受到这种范儿，比较典型的人物是唐代重臣姚崇、张说、陈子昂、李白、王翰等人。唐诗中的任侠精神，不是个别的、偶然的现象，是随着唐诗高潮到来而自然生成的一代风尚。

任侠可以说是唐朝最时髦的风尚，当时的人们崇拜侠客，无论是日常生活还是捍守边疆，都喜欢效仿前朝的游侠。在唐诗中也是常常可以见到，可以感受到唐的文侠之风。边塞诗人驰骋沙场，渴望建功立业，自然是不必说，即便是有浓烈隐逸之情的诗人如贾岛，也会在《剑客》一诗中以侠自喻，将身世融入所咏对象中："十年磨一剑，霜刃未曾试。今日把示君，谁有不平事？"这种笔法在唐人咏侠诗中是较常见的。在唐诗的世界里，我们看到了不计其数的文侠从这里经过，用文字留下痕迹。

半侠半诗人

陈子昂是典型的"半侠半诗人"，年少时期的陈子昂如他的父亲一般"驰侠使气"，尤其重视交朋友，倘若是意气相合，即使白刃也不可夺。这样的人生也促成了他诗作中的侠气。他的《感遇诗三十八首》第三十四首是写侠的代表作品，讲述了戍守边塞的侠者故事。少年时，侠者崇尚义气，任侠放旷，拿着红丸去刺杀武吏，手执白刃去为人报仇。因为要躲避仇家，于是来到边塞从军，奋勇战斗。"幽燕客"本是崇尚勇武，胸怀大志，但是却长期遭受压抑，壮志未酬。这首诗歌中的侠者与陈子昂极其相似，有他的影子。

壮年时期的杜甫，经历科举考试失败，为了排遣内心的不快，便与友人结伴畅游。杜甫《壮游》中描述了自己畅游时的种种行为，例如打猎、放鹰、大声放歌、骑快马等，有别于封闭的书斋生活，这里是驰骋天地的自在，是侠者的快意人生。

文人任侠使气是因为他们向往侠客的自由和豪情，同时也是因为这也是通往仕途的"终南捷径"，当时文人多有效仿侠行、觅取封侯的愿望，也确实有不少人通过这种方式达成了愿望。

李白是唐朝诗人中最典型的，有着鲜明侠气质的人物。按照《与韩荆州书》中的说法，李白是陇西布衣，流落于楚汉之地。十五学得剑术，访遍当地官员，希望谋取功名。虽然长不满七尺，却是心雄万夫。少时便学习剑术，据说他出道时极有侠客风范，"少任侠，手刃数人"。有人推测说李白是因为杀人逃出家乡的。李白任侠，除了击剑杀人外，还喜欢仗义疏财、结交豪雄，常有散尽千金换友情之事。他在《赠从兄襄阳少府皓》中说："结发未识事，所交尽豪雄。"又如《上安州裴长史书》云："曩昔东游维扬，不逾一年，散金三十馀万，有落魄公子，悉皆济之。此则是白之轻财好施也。"李白身体力行侠客精神，安史之乱时，他满怀激情加入永王李璘的军幕。

李白的诗作中有诸多鲜活的侠客形象，如《侠客行》中"赵客缦胡缨，吴钩霜雪明。银鞍照白马，飒沓如流星。十步杀一人，千里不留行。事了拂衣去，深藏身与名。闲过信陵饮，脱剑膝前横。"寥寥数语，描述出侠者的形象——从侠的装束到兵刃，从侠的坐骑到高超的武功，以及淡泊名利的品性。在《行行且游猎篇》中，他更直白地说："儒生不及游侠人，白首下帷复何益！"《东海有勇妇》塑造了一位替丈夫报仇的东海勇妇，不顾生死，勤学剑术，终有所成：身法如流星，剑光似闪电。技艺加上决心，复仇终于在剧烈搏斗中完成，悬其脑袋于国门上，置其躯体于路边。勇妇亦是侠者，伸张正义，终结冤仇。

开放国度的女侠

在唐朝侠者中出现了不少女侠的形象，尤其在安史之乱后，这些女侠面对国家危难，主动承担扶危救国的重任。这些女侠形象是唐朝的"文侠"用笔记录下来的，虽存在于文学作品中，但是依旧光彩夺目。

杜牧《窦列女传》中女主桂娘是一位足智多谋并且坚贞勇毅的侠女。虽然，她只是叛将李希烈的妾，被李希烈所宠信，或许换一般人会对李希烈从一而终。但是，她是一个知轻重、明道义的人，暂时屈从于李希烈，但却时刻盘算复仇计划。抓住除灭藩逆李希烈的两个环节：一是在赢得李希烈的宠信后，设法与陈先奇的妻子结交，坚定陈先奇除掉李希烈的志向；二是在李希烈暴死后，以蜡丸传信告知内幕，最终助朝廷灭其全家。

唐朝传奇中还出现了"三女侠"——红线女、聂隐娘、谢小娥。《红线》中的红线女的身份是潞州节度使薛嵩的女仆，在田承嗣企图吞并潞州时，为了避免战乱祸患殃及百姓，也为了报答薛家十九年的恩义，她孤身潜入防卫严密的田承嗣寝所，盗取其床头金盒，最终迫使田承嗣放弃吞并潞州的图谋。红线女有侠的绝技，"势似飞腾，寂无形迹"，能三个时辰往返七百里。红线女更有侠肝义胆，用自己的勇敢和机智避免了藩镇之间的恶战，使"两地保其城池，万人全其性命"。《聂隐娘》里的聂隐娘与精精儿、空空儿斗智斗勇，直到解决刘昌裔的危机，确保其安全才离开。《谢小娥传》中的谢小娥为报家仇，历尽千辛万苦寻找仇人，经父亲托梦，知晓原委。之后，她改名换姓，女扮男装接近仇人，周密策划，最终完成复仇的夙愿，其间表现出的侠者的坚强不屈，冷静机智，让人称道。

唐朝尚武任侠的世风不仅仅促成了一批以侠客为写作对象的作品，还促成了一群有任侠气质的文人，他们以笔为剑，在天地之间游走，用文字记录了一个时代的侠义风尚。较之于以剑行走天下的侠者，或许这些文侠在历史长河中留下的东西更有价值，侠者风范并没有随着生命的消亡而消亡，相反它们在文学文字间牢牢扎根，承前启后地传递着中国人的侠义基因。

六 寻路的侠义英雄

千古侠客成一梦：捧杀与棒杀

中国历史上的侠客群体在捧杀和棒杀的双向作用下，经历了繁盛，但也很快走上了消亡的路。从现有资料记载，汉代游侠突出的表现便是喜欢为侠义之事，乐于广交天下朋友。这样的行为能得天下人心，一方面美名能很快传于天下，但是，另一方面也会将自身置于很尴尬的境地。比如，汉代游侠朱家尽管无钱无势，并且也比较低调，然"自关以东，莫不延颈愿交焉"。可见当时人们对他的赞赏和崇拜。但是，这种赞赏及崇拜由于在传播的过程中被无限夸大，就会使得当权者和不明事理者将其列入"乱世之人"。

司马迁在《游侠列传》中表达了这样的遗憾："余悲世俗不察其意，而猥以朱家、郭解等令与暴豪之徒同类而共笑之也。"从司马迁的文字中，我们似乎可以看出，汉初世俗之人或许听了众人的吹捧，不能明察游侠之真意，错误地把朱家、郭解等游侠与暴虐豪强之流视为同类，一样地加以嘲笑。其实，这些人在当时社会还是产生着巨大影响力的。文景时期发生了吴楚之乱，大将军周亚夫率军讨伐。途经洛阳时遇见侠者剧孟，发现剧孟背后的力量可敌一国，庆幸吴楚造反没有把剧孟拉入，否则后果不堪设想。侠者剧孟虽然"家无十金之财"，但是，他却有着巨大力量，这种力量是其交游天下的人格魅力所致。据说剧孟母亲去世时"自远方送丧盖千乘"，可见其影响力之大。

汉朝那位有名的游侠郭解，他的父亲就是因为行侠义而被诛杀，但是，他依旧喜欢散财结义、行侠仗义。他的侠义行为引来无数人的仰慕和赞赏。"木秀于林，风必摧之。"有多么被人推崇，就有多么被人仇视，郭解无形中就成为皇权的"眼中钉"。某日，卫大将军在汉武帝面前提及："郭解家贫不中徙。"汉武帝听了建议后，觉得一个平民百姓，竟然连大将军都替他说话，说明"他家不穷"，于是传下旨，郭解必须迁徙。然而，事实上，郭解确实财力条件不够，直到郭解上路之前，因为"诸公送者出千余万"，他才真正符合被迁居茂陵的资格。后来，在郭解毫不知情的情况下，郭解的崇拜者杀了那位把郭解列入迁徙名单的县吏；县吏家人去告状又被杀于官府门口；一位儒生招待查办郭解的使者时，客人在席间赞扬郭解，儒生便说："郭解专门干违法乱纪的事情，怎么能算是贤人？"郭解的崇拜者立刻杀了此人，并将他的舌头割下。这些追捧的行为不仅没有救郭解，反而在不知不觉中将郭解置于死地。御史大夫公孙弘得知后说："郭解作为平民，玩弄权诈之术，仅凭他的眼色就能置人于死地，他虽然对案件并不知情，但此罪比他亲自杀人都严重！应以大逆不道论处。"最终，下令将郭解满门抄斩。

郭解罪在哪里？《左传》中说"匹夫无罪，怀璧其罪"，特定的历史阶段，小人无罪，有势力则有罪。普通之人仅因个人魅力能有如此多的追随者，这是统治者不愿意看到的。因为，追随者众多，则无形中就产生力量，这种力量不受皇权约束，甚至能够决定他人的死生。如果听之任之，那么很有可能会危及统治。郭解在很大程度上是被他的崇拜者间接"捧杀"致死的。在郭解被族诛的"判决书"中，我们看到："解布衣为任侠行权，以睚眦杀人，解不知，此罪甚于解知杀之。当大逆无道。"郭解不用支使，就有人替他去杀人，他在民间的势力已经大到逾越法律和朝廷管制了，汉武帝终于还是找了个借口"族诛"郭解。

这样的悲剧在汉时还有不少。在一个皇权走向大一统的时代，个人的游侠行为与集权构成了冲突，而天下人的捧爱会加剧这种冲突，最终酿成了"捧杀"的悲剧。

从捧杀走向棒杀

为什么这么多人以交游郭解们为荣，愿意为他们出力，甚至为他们杀人？除了郭解本人的名望和魅力外，还有社会因素。经历春秋战国的混战，到汉初国家趋于稳定，人们并没有完全适应权力的高度统一，尤其是那些"士"。从西汉时期的诸多作品中，仍旧可以感受到许多士人对战国"权出多门"的怀想，毕竟那个时代，人若有才华，人生皆有可能。汉武帝时期的东方朔在《答客难》中说，战国时期，诸侯争天下，是"得士者强，失士者亡"的时代，士人可以充分表现自己；现在"圣帝流德，天下震慑，诸侯宾服"，一切以皇权为归依，士人的贤与不肖几乎没有什么不同了，关键在于皇帝是否用之，一旦用之则为虎，不用则为鼠。个人的才能在高度集权的制度面前，发挥的空间很小，仅仅是服从为主。而在西汉末扬雄《解嘲》中客观地描述了当时的情形："县令不请士，郡守不迎师，群卿不揖客，将相不俯眉。"士的作用及地位较之于先秦时期已经是江河日下，不由得让人缅怀宁戚、管仲、侯嬴、邹衍等有才干的士人所受到的礼遇。

因此，可以想见那个时代蛰居地方的士人没落的心态。带着没落不甘的心情，以及对往昔"权出多门"辉煌的缅怀，他们喜欢捧出一些杰出人物或特异人物作为领袖，有意无意地削弱或抵制朝廷的权力。郭解本身固然就有影响力，但一些地方豪强也在有意无意地捧他，让他成为民间领袖。郭解大约也感觉到这一点，在相关记载中我们看到他在众人赞赏中非常谦卑，甚至非常退缩，但最终还是被杀害。

"儒以文乱法，侠以武犯禁。"侠义所追求的自由与朝廷所倡导的秩序之间的矛盾越来越尖锐，越是吹捧侠者，越是让居庙堂者不舒服，侠被"棒杀"的命运更是不可避免。经历汉"黄老之治"，地方豪强势力崛起，侠者也似有兴起之势，蔑视官府，不守国法，这与封建帝王专权的制度冲突很大。汉武帝是一位有雄才大略的皇帝，自然不能容忍这类民间领袖存在，他对地方豪侠及游侠的打击尤其厉害，酷吏治理盛行。以严刑峻法知名的郅都，绰号"苍鹰"，以暴制暴，手段极残酷。在酷吏们的屠刀面前，曾经风光无限的侠者尊严扫地，性命难保。这个时期被灭掉的有声望的侠者不少，有些甚至被族灭。

同时，汉武帝实施"罢黜百家，独尊儒术"的政策，既不搞法家极端主义，也不像汉初的黄老"无为而治"，休养生息，国事平稳，士人追捧游侠风气也逐渐平息，皇权专制制度日渐完善。汉武帝以后，平民游侠干预乡里公共事务的情况基本消失。

汉朝的侠在大家的追捧之下，自身也出现了变化，豪强化倾向明显，对社会的祸患明显。如汉武帝时期的灌夫就属于这类，好酒使气，称霸一方。魏晋南北朝时期"侠"这个群体又有了新情况：其一是轻侠放浪少年。《三国志·蜀书·先主传》称刘备年轻时好交结豪侠，"年少争附之"，这些年少就是游侠。《三国志·魏书》述曹操"少好飞鹰走狗，游荡无度"，说的就是游侠行为。这样的例子还有非常多，游侠在当时成为一种风尚，尤其在不良青少年中较为流行。其二是为非作歹危害一方之徒。《北齐书·毕义云传》："（毕义云）少粗侠，家在兖州北境，常劫掠行旅，州里患之。"《北齐书·高昂传》：高昂"与兄乾数为劫掠，州县莫能穷治"。此为侠徒中的败类。这些新出现的"侠"，从某种程度上是人们追捧侠的结果，而他们的负面作用又加剧了侠群体被朝廷封杀，被百姓唾弃的趋势。

新时期侠的新发展

隋唐时代，隋朝开国将领中不少出自武侠，比如说杨素，但是反叛者中也有很多侠者。故而，隋朝的统治者对武侠是严厉镇压的。唐朝的建立者由于自身是多民族混血而生，骨子里本就有北方少数民族的豪侠刚健之气。加上唐朝社会经济繁盛，政治开明，文化繁荣，整个社会中侠义之风盛行。这个时期谈不上捧杀和棒杀，因为统治者不以侠为患。侠者也已经不再是群体现象，更谈不上把持社会走向的势力，更多的是独来独往的潇洒剑客。

宋朝的侠整体上是式微的，因为宋朝是个注重文治的朝代。宋朝统治者由于自身就是建立在武力夺权基础上，所以建国之初就采取了系列措施控制武装，这其中就有对武侠的打压。宋朝统治者棒杀侠客，但是随着宋朝吏治腐败，官饷俸禄沉重，危机转嫁到百姓身上，逼迫着下层人民铤而走险。他们打家劫舍、杀富济贫，啸聚山林，绿林和秘密社会成为许多侠客赖以生存的地方。

比如说大家都知晓的梁山泊众好汉的故事。然而，梁山英雄并不能等同于传统意义上的"侠"，只能说其中少数人具有侠的特质，绝大多数草莽英雄的身上早已不见侠者的独立与大义，甚至不少梁山好汉还丧失道德底线，以及辨析善恶的能力。在小说中，不少"替天行道"的事情是因为对方惹了梁山，对方不服梁山，诸如三打祝家庄、踏平曾头市，大都不是因为要为百姓除害，而是因为他们的庄主惹了梁山。梁山好汉的行事原则有很明显的区别对待，"反小吏不反大官"，而非传统侠的"为天下大义"。对小恶吏黄通判毫不留情，但是对高太尉这样的大流氓却是毕恭毕敬。梁山好汉最后的结局更是让人唏嘘不已，从"梁山一百零八好汉"到最后的所剩无几，背后原因竟然是杀他人之身成自己之仁，想尽办法变成朝廷的人。

至明清一代，那是中国封建社会专制统治最严厉最坚决的时代。专制集权严苛控制之下，加之城市经济的发展，侠义行为更加世俗化，遵守公共准则，承认官府权威，甚至被纳入官府体系，与司马迁笔下"扞当世之文罔，然其私义廉洁退让，有足称者"的侠者相去甚远。

在精神上棒杀侠义

同时，统治者在思想上的洗脑行动也取得了一定的效果。《史记》《汉书》之后，史官不再为游侠立传。即便东汉初班固著《汉书》时，保留了为游侠立传的传统，但是，《汉书·游侠传》并不是因赞赏游侠而为之记录，完全与司马迁记游侠时的态度迥异。他对《游侠列传》中的游侠持否定态度，认为司马迁歌颂游侠是一种背离大道的行为，批评司马迁"退处士而进奸雄"。

尽管班固在郭解之后还是写了一些"侠"，但他们与朱家、剧孟、郭解迥然不同，在他们的身上看不到拯人危难，看不到抗上与反主流，就连平和谦卑也很少见，可能还剩下的只有长于交际。古侠的精神在史官笔下有被隐藏淹没的危机。

《汉书·游侠传》还写了万章、楼护、陈遵、原涉四人，这四位侠都生活在汉武帝打压游侠之后。楼护出生在医者世家，和父亲凭借着高明的医术游于长安。因为他能说会道，受到当朝贵人的喜爱。别人建议他走仕途，他就改行了。开始学习经传，做了多年的京兆吏，在当时颇有声誉。王莽家五人封侯，互争名望高低，官员各自站队，只有楼护能言善辩，五家通吃，几乎得到王家五位侯的一致喜爱。楼护母亲去世时，送葬的贵人专车就有两三千辆之多，以至街坊邻居编了歌："楼君卿出丧，五侯贵人来帮忙。"虽然文字有限，并没有交代楼护为什么如此得贵人之心，但是，我们可以大胆推断他确实是结交权贵，处理人际关系的高手，与司马迁笔下的性格坚韧、口齿木讷的游侠非常不同。王莽专政时，其子王宇与其妻兄吕宽要劝谏王莽行为举措不要太过分，惹恼了王莽。一怒之下，王莽杀其子，吕宽逃走。楼护此时为广汉太守，吕宽逃到他那里避难，楼护立刻把他逮捕交给王莽，王莽很高兴，封楼护为"封息乡侯，列于九卿"。古代的侠者为"恩义"可以献出生命，楼护的行为何以称得上是侠者之为？作为官修正史如此书写侠者，久而久之，后人对侠者的精神内涵也会逐渐忘却。

自汉以后，历代统一的王朝对侠客的棒杀对人内心产生了极大的影响。"侠"逐渐在人们心中成了与"盗""匪"相近的词，而世间人所追求的"封妻荫子"也正是朝堂上的统治者定下的"正途"，也正是朝廷打击游侠所希望看到的结果。难怪有人会说"自秦汉而后，无侠矣"，虽然有偏颇之嫌，但是其中还是有一定的合理性。无论后世如何演绎侠的各种精彩，无论作者如何竭力刻画一幅幅侠义英雄谱，都不能够再现《史记》中侠客们生命的璀璨，反而从另一个侧面证明了棒杀给侠义精神带来的摧毁。比如说林冲就是很典型的人物，他出身小康的家庭，做到了禁军教头，日子很安稳。在顺风顺水的生活中，他估计从来没有做侠客的梦想。当妻子被高衙内欺负，倘若他的身上有侠者的血性，估计可能如古侠那样让奸人血溅五步之内，但是林冲的表现却还是忍气吞声。即便当鲁智深过来要帮忙时，他又说："'不怕官，只怕管。'林冲不合吃着他的请受，权且让他这一次。"直到听到他人真的要杀自己，林冲才有了些反抗，被逼上梁山。或许，林冲的武艺超过聂政，也可以为知己而死，但是，他身上的侠义精神与独立人格早已退化，他的精神实质已经不是先秦的任侠精神，而是一种被压抑而变形的市民侠客精神，格局相对缩小了。

在朝廷的"棒杀"与民间的"捧杀"下，侠客逐渐成了茶余饭后的谈资，侠客们在人们心目中的形象由光明磊落到了神秘莫测。宋明以后时代，侠被传得神乎其神，这也正反映了人们对侠的无知，从另一个侧面证明了侠文化的衰败和无奈。"每个男孩都有一个侠客的梦想"，正是我们对真正的侠文化逝去的一种感叹。

隐没成就的璀璨：隐没与传奇

挥手别过光辉岁月

在捧杀和棒杀的作用下，中国的侠客英雄们渐渐淡出了官修正史，转而却出现代的诗歌和小说中。从正史走向文学的过程，正是侠客英雄隐没的过程，同时也是侠客英雄传奇色彩更加浓烈的过程。

自《汉书》以后，中国正史中便再也没有《游侠列传》。正史不立"游侠传"，也在某种程度上标志着侠的社会功能弱化乃至瓦解，侠作为社会群体的光辉岁月一去不复返。然而，这场历史注定的悲剧却透着强烈的自我救赎意味，作为群体的"侠"虽然不能活跃于历史与政治的舞台，但是，他们曾经在中华历史上留下的痕迹早就沉淀在中国人的血脉中，此种形式的死亡，意味着另一种重生。

侠客英雄及光辉事迹的隐没并非因为他们完全消逝，而只是在正史中不再浓墨重彩地出现了，他们时而出现在民间传说中，时而出现在"时人"的精神气质中。从魏晋开始，侠客形象更多是出现在野史笔记小说中，侠客的虚构色彩变得浓厚，甚至出现女性侠客的形象。

更有趣的是唐时期侠客故事中往往有历史人物鲜活地出现，常常让人产生恍惚之感——到底是历史人物还是小说人物，或是历史人物另一种传奇的书写方式。比如说唐王朝的开国元勋李靖、李勣，都颇有侠骨。《新唐书·李靖传》："尝谓所亲曰：'丈夫遭遇，要当以功名取富贵，何至作章句儒！'"在晚唐的传奇小说《虬髯客传》中，李靖被塑造成浪迹江湖的侠客，快意恩仇间成就唐朝的历史。依《旧唐书·李勣传》，他家里多僮仆，储存数千钟的粟米，与其父一样喜欢惠施他人，拯济贫乏的百姓，从来不问被救济者与自身关系的亲疏远近。而在《隋唐嘉话》中，李勣自言："我年十二三为无赖贼，逢人则杀；十四五为难当贼，有所不快者，无不杀之；十七八为好贼，上阵乃杀人；年二十，便为天下大将，用兵以救人死。"这些传奇故事中有其虚构的笔墨，但也有写实的一面。

市井文化造就的传奇侠义

到了明清时期，当时的不少侠义小说是根据民间说书艺人的底本改编而成。此类小说深受市井文化的影响，言辞浅近，通俗易懂，作品脍炙人口，很快就风靡一时。侠义故事和侠义人物借力于市井生活的繁荣而兴盛起来。其中，比较经典的作品有施耐庵的《水浒传》、石玉昆的《三侠五义》、文康的《儿女英雄传》。在这些作品中，侠客群体又有了传奇的表现，只是细看之下，会发现这个时期的侠和侠义精神的市井气更明显，古侠风范少了些。

如果说《水浒传》里的林冲最终在山神庙里，在无可后退的绝境中硬生生挤出骨子里仅存的侠气，还能勉强地展现侠义英雄的一面，那么，作为梁山泊领袖的宋江身上则很难见其侠义精神。

他的出场就颇为有趣，他平生只好结识江湖上好汉，但凡有人来投奔他，基本都接纳，或是留下整日陪着，或是尽力资助，总之是有求必应。他还经常救人之急，扶人之困。民间称他是"及时雨"，便是称赞他如天上的及时雨一般，能救万物。乍一看，在宋江的身上有信陵君"接岩穴隐者，不耻下交，有以也。名冠诸侯，不虚耳"的气象。在杀阎婆惜后的流亡生涯中，他得到了绿林的尊重和信任，以至梁山泊倾尽全力要营救他。这个阶段的宋江多少还是有侠客的影子。然而，成为梁山泊的首领后，他心心念念的却是投降招安，没有独立人格和侠肝义胆。宋江对统治者的态度完全是无条件效忠，不是先秦侠者的双向选择——合则留，不合则去。

庆幸的是，在一百零八个好汉里还有几位血脉里流淌着古侠因子。鲁智深虽是一介粗人，却让我们看到了宋时侠客应有的模样。虽是官衙之人，但是眼见弱势父女的凄惨遭遇，激于义愤而不计后果为他们出气。虽是鲁莽之人，但是在行侠义之事的时候，还能详加考虑，做出周密安排：阻止店小二报信，诱使镇关西上当生气；然后一击而中，发现打死人后，指着郑屠尸道："你诈死！洒家和你慢慢理会！"稳定局面后全身而退。鲁智深的身上很有汉朝时期剧孟、郭解的侠义之气——急人之难，谋定而后动，处变而不惊，有担当，有器量。

鲁智深结识林冲后的表现更见其侠客本色。林冲最危难的时候，他全力帮助，不仅在野猪林救林冲，还将沿途探听个明白，"此去沧州不远了，前路都有人家，别无僻静去处，洒家已打听实了"。鲁智深身上的敏锐洞察力及周到的考虑，也正是一个侠客所必备的。古代的侠客英雄基本都是在周到考虑之后奔赴"诺言"，比如专诸刺王僚之前，摸其癖好，先学鱼羹；豫让击杀襄子之前，漆身变容，吞炭哑音。

武松也是《水浒传》里具有古侠风范的侠者，这里只说两个片段来看看武松的侠义精神。虽说打蒋门神之前，言语之中有些急躁，但是，到了快活林后却是冷静安排，先故意逗惹蒋门神上火，以有备打无防，与鲁达打郑屠有异曲同工之妙。和孔亮因为美食打斗一番，不打不相识，一打竟然打出了"知己"，很有古人"三杯吐然诺，五岳倒为轻"的胸怀和气概。无论是鲁智深还是武松，因为他们大抵能做到侠行千里，急人之难，扶危助困，因为他们义所当为，意气相交，千金一诺，所以，他们从梁山好汉中脱颖而出，成为《水浒传》中最光彩夺目的篇章，成为市井文化中传奇的侠客。

随着封建王朝覆灭，强调自由平等的西方近代思潮不断涌进，民国的武侠小说更强调对侠之本义的追求。江平不肖生的《江湖奇侠传》、还珠楼主的《蜀山剑侠传》，无疑是那一时期最重要的武侠小说作品。它们或是通过各种奇特招式的打斗，增强武侠小说的表现内容；或是通过另类玄幻世界的描绘，开拓武侠小说的想象空间，对后来的港台新派武侠文学产生深远影响。

复活在诗歌中的侠义传奇

退出正史的侠客英雄，隐没在历史中，但没有消亡，他们活跃在各个时期的传奇小说、俗文学中。同时，侠客及侠义精神还在咏侠诗中复活了，诗歌的天地里也演绎着侠客的传奇。原来，有时候一种形式的隐没会换来另一种形式的璀璨，侠义英雄的传奇一刻也不曾离开民族的历史。

早在魏晋南北朝时期，就已经有少量与游侠相关的乐府诗，比如南朝梁吴均的《雉子班》，北周王褒的《从军行》、庾信的《侠客行》。但是，侠客的种种精彩却很难在这些作品中呈现，因为诗人们并没有游侠的经历，只是沿用乐府的传统内容，敷衍成章，有闭门造车之嫌。这时期诗歌中活得精彩的"侠"当属曹植的《白马篇》中的侠客。诗歌中这位"幽并"之地的游侠儿，强健彪悍，敏捷勇敢，骑技娴熟，箭法精妙。刚健敏捷，骁勇善射足以在外在形象上抓住观者之心，更为突出的是"边城多紧

六 寻路的侠义英雄

急"的背景下，这位英雄心系国事，公而忘私，捐躯赴难，视死如归。

唐朝诗歌中有不少与侠有关，与唐朝的经济政治的发达有很大关系。据统计，《全唐诗》中咏侠诗达到五百多首。唐朝诗人将对自身命运的关照和对建功立业的抱负投射到侠者的身上，并寄寓笔端，促成了侠的形象由具体化向抽象化、象征化转变。后世不少关于侠的故事就是写者读唐朝咏侠诗获得灵感而写成的，据说金庸武侠小说——《侠客行》的创作灵感，就来自李白《古风五十九首》中的《侠客行》。

李白的《侠客行》比曹植的《白马篇》更能彰显侠的本质，即自由自在、无拘无束的本真天性。"捐躯赴国难，视死忽如归"，以身赴死，血染疆场，只为杀敌报国，让人感动不已；但是"事了拂衣去，深藏身与名"，这种舍弃功名、笑傲江湖的潇洒飘逸，则更让人向往。或许在李白看来，真正的侠客在生命本质上应该是吟啸山林之间的不羁浪子，而非厮杀在战场上的赳赳武夫。

留下大量山水田园诗的"诗佛"王维也笔带侠风，留下了精彩的侠者形象："少年十五二十时，步行夺得胡马骑。射杀山中白额虎，肯数邺下黄须儿！一身转战三千里，一剑曾当百万师。"边塞诗派的领军人物高适更是在《邯郸少年行》中唱出了盛唐咏侠诗的最强音："邯郸城南游侠子，自矜生长邯郸里。千场纵博家仍富，几度报仇身不死。宅中歌笑日纷纷，门外车马常如云。未知肝胆向谁是，令人却忆平原君！君不见即今交态薄，黄金用尽还疏索。以兹感叹辞旧游，更于时事无所求。且与少年饮美酒，往来射猎西山头。"

有些时候，诗人自身的经历就足以演绎侠的传奇。一生豪放的李白直到六十岁还以西汉大侠剧孟自诩："半道谢病还，无因东南征。亚夫未见顾，剧孟阻先行。"王维、李白这类骨子里有侠气的诗人在初盛唐时期绝不是孤立的存在。初盛唐时期，诗人任侠成风，骆宾王、陈子昂、王翰、王之涣、孟浩然、高适、张旭、韦应物等，都以任侠名世，他们的侠义精神和侠客行为大都散见于一些篇章中。然而当我们尝试把这些散落的文字聚集一起时，我们会有惊人的发现，唐代诗人群体中竟有这许多"侠客"。

初唐四杰之一的骆宾王以天赋才气出名，闻一多曾说他"天生一副侠骨，专喜欢管闲事、打抱不平、杀人报仇、革命，帮痴心女子打负心汉"。而在《新唐书·王翰传》中我们看到这样的王翰："少豪健恃才，及进士第，然喜蒱酒。……翰出为汝州长史，徙仙州别驾。日与才士豪侠饮乐游畋，伐鼓穷欢。"可以看出，他的身上有明显的豪侠之气，也难怪边塞诗写得如此豪迈霸气。《唐才子传》中的王之涣，少有侠气，跟随着五陵少年游，平日里常常击剑悲歌，从禽纵酒，俨然少年侠。《新唐书·孟浩然传》中记录下孟浩然少年时，好节义，喜振人患难。边塞诗代表人物高适，少时喜言王霸大略，致力于功名，崇尚节义。逢时多难，常以天下安危为己任。大书法家兼诗人的张旭，也是一位侠客，李白《猛虎行》说："楚人每道张旭奇，心藏风云世莫知。三吴邦伯皆顾盼，四海雄侠两追随。"

唐朝的文人用自己的传奇人生演绎着侠义，更在作品中留存着唐朝时特有的侠义精神和侠者风范，或许，唐朝诗歌的格局之大也与此时世风中的侠义之气有关。

夹缝中求生存的传奇侠义

宋朝的安逸氛围，文人中用文学作品来演绎侠客传奇的现象比较少，只是偶见其间有些文人身上有着侠的气质。出生于武人世家的贺铸，以词闻名于世，更因《青玉案》中的"试问闲愁都几许？一川烟草，满城风絮，梅子黄时雨"而被人誉为"贺梅子"，不过他骨子里还是充斥着武士家族的豪侠之气，尚气使酒，以气侠闻名一方。《宋史·贺铸传》记载了他的侠义风范："是时，江、淮间有米芾以魁岸奇谲知名，铸以气侠雄爽适相先后，二人每相遇，瞋目抵掌，论辩锋起，终日各不能屈，谈者争传为口实。"

《宋史·陈希亮传》附记陈慥的故事："慥字季常，少时使酒好剑，用财如粪土，慕朱家、郭解为人，闾里之侠皆宗之。在岐下，尝从两骑挟二矢与苏轼游西山……因与轼马上论用兵及古今成败，自谓一世豪士。"这位陈季常慷慨好施，以西汉侠者为偶像，行侠义之举，俨然是位活在宋朝的古侠。当然，辛弃疾也是比较典型的一位，武人出身，侠义驰骋江湖与战场，留下来的词作中也常见侠义精神，但是终究抵不过时代与历史的选择，从武人到政人到文人，最终辛弃疾还是以文人的角色和较多抒写心中郁结的作品留存在历史中。

明清儒侠互补的传奇

明清之际，尽管统治者的管制越来越紧，然而还是欣喜地发现侠客精神的存在，并且有了新的变化——儒侠互补的现象比较突出。王阳明便是当时的狂而侠的异人，湛若水在《阳明先生墓志铭》说"初溺于任侠之习，再溺于骑射之习"，将其酷爱之任侠与骑射、辞章、神仙、佛氏并称"五溺"。在现存的相关文字中，常常可以看见"性豪迈不羁，喜任侠""英毅凌迈，超侠不羁"等评价，其中可以看出王阳明早年豪纵不羁的任侠情结。正是由于他狂放豪迈的任侠风范，数传之后，他的信徒中趋向反抗与激进的一派也在侠义风范上表现突出。

王阳明死后，王艮创立泰州学派。王艮传徐樾，徐樾传颜均，颜均传何心隐。到颜、何一代，按黄宗羲的说法，他们"能以赤手搏龙蛇"，"非名教之所能羁络矣"，"掀翻天地，前不见有古人，后不见有来者。"他们像狂儒、像野禅、像纵横家，有诸多江湖风格和异教特征，他们惊世骇俗、离经叛道，正统看来不啻是天罡地煞、牛鬼蛇神。章太炎《诸子略说》中也有记录："颜山农颇似游侠，后生来见，必先享以三拳，能受，乃可为弟子。心隐本名梁汝元，从山农时，亦曾受三拳，而终不服，知山农狎妓，乃伺门外，山农出，以三拳报之。"颜、何二人与许多古代游侠类似，终因豪纵恣意而被官府诬陷下狱，虽身为王门传人，却因个人性情与行止而被时人公认为侠者。在明清两代，儒侠互补的人物大量出现，尤其是明末清初的大变动时代。儒学为晚明的社会提供了思想支撑，古侠的传统则提供了行动的力量，就像耿定向对何心隐的评语"其学学孔，其行类侠"。

风雨飘摇的晚清，政府昏庸无能，抗击外敌的失利，辱华条约的签订刺激着有识之士的内心。章太炎借《儒侠》篇强调崇尚武德，力主击刺，养成"刚毅特立"的精神。他还从学理层面阐释儒侠互补思想的重要性和必要性，震动海内外。

晚清有人将这种儒侠精神演绎到极致，他便是"戊戌六君子"中的谭嗣同。梁启超在《谭嗣同传》中说他"少倜傥有大志，淹通群籍，能文章，好任侠，善剑术"。谭嗣同除了能剑善武，他的任侠还表现在广泛结交侠士。他曾经在戊戌变法失败后与侠士谋救皇上，但是，事情最终没有成功。谭嗣同被捕后用绝笔诗《狱中题壁》来表达他的豪迈决绝，大有侠者凛然之气："望门投止思张俭，忍死须臾待杜根。我自横刀向天笑，去留肝胆两昆仑。"

有人曾与他联系，表示可以为其提供保护，但谭嗣同回绝了，自言："各国变法，无不从流血而成，今日中国未闻有因变法而流血者，此国之所以不昌也。有之，请自嗣同始。"为变革从容赴死，这样的生命绝唱，使得他的侠气突破传统节义的范畴，与现代革命精神融合，熔铸成一种崭新的侠义精神——往上继承中华民族千古不朽的侠义精神，往下开启百年来中国革命志士身上的新"侠义精神"。

发端于先秦的中国侠义精神，经历千年的发展，虽然在其中沉沉浮浮，时隐时现，有各异的表现形式，但是中国的侠义精神一直都藏在华夏子孙的血液里。侠者，便是这侠义精神的外显，时而是在历史中的侠义英雄，时而是雅俗文学中的侠者形象。不管何种形式，侠义理想人都是我们精神世界的偶像，而侠义理想人的经历则是我们心中的梦，正所谓"千古侠客梦"！